Method Guide

Kreative Methoden für den Englischunterricht in der Oberstufe

Erarbeitet von:

Dr. Karola Schallhorn und Alexandra Peschel

Sprachliche Betreuung:

Simone Duxbury-Ziemer

Best.-Nr. 041260 6

Schöningh

Die Autorinnen Alexandra Peschel und Dr. Karola Schallhorn sind Englischlehrerinnen am Melanchthon-Gymnasium in Bretten (Baden-Württemberg). Alexandra Peschel ist dort zudem Methodentrainerin. Dr. Karola Schallhorn ist Multimediaberaterin und zusätzlich Lehrbeauftragte für das Fach Englisch am Staatlichen Seminar für Didaktik und Lehrerbildung (Gymnasien) in Karlsruhe. Für das Oberschulamt Karlsruhe hat sie Fortbildungen zum neuen Oberstufenlehrplan und den neuen Unterrichtsmethoden mitveranstaltet. Sie ist Herausgeberin und Mitautorin des Lehrwerkes „The New Summit" (Oberstufe Englisch).

Umschlaggestaltung: INNOVA, Borchen
Illustrationen: Reinhild Kassing

Website
www.schoeningh.de

E-Mail
info@schoeningh.de

© 2004 Schöningh Verlag
im Westermann Schulbuchverlag GmbH,
Jühenplatz 1–3, D-33098 Paderborn

Druck: westermann druck GmbH, Braunschweig

Druck   5   4   3   2   1   Jahr   08   07   06   05   04

ISBN 3-14-041260-6

Inhalt

Vorwort

Der vor Ihnen liegende Band nennt sich „Methodenführer". Er ist kein allumfassendes Methodenkompendium, sondern will eher ein „Methoden-ver-führer" sein. Er soll Ihnen einen raschen Überblick über handlungsorientierte und schülerzentrierte Arbeitsformen (*single, partner, group, class activities*) geben und so ist die Einteilung entsprechend gestaltet. Die Ihnen dargebotenen Methoden sind eine bewusste Auswahl, „Appetithappen" aus der Unterrichtspraxis der beiden Autorinnen.

Die didaktischen Beschreibungen sind so ausführlich wie möglich und anhand von Unterrichtsverlaufsskizzen, authentischen Materialien (Kopiervorlagen von Arbeitsblättern, Texten, Evaluationsblättern) besser nachvollziehbar als abstrakte Pauschaldarstellungen. Jede Methode ist mit den angeführten Materialien oder bei der entsprechenden Themen- bzw. Lektürenbehandlung sofort im eigenen Unterricht einsetzbar. Einige Klassiker, wie die *fishbowl* haben wir für den Literaturunterricht abgewandelt und meinen Ihnen damit noch mehr Einsatzmöglichkeiten für einen lebendigen Unterricht zu öffnen.

Wir wollen Sie animieren, unsere Vorschläge nach Bedarf abzuwandeln, sodass folgendes Klassen-Szenario fortan zur Vergangenheit gehört: Sie haben einen Text gelesen und dazu eine kreative Schreib- oder Essayaufgabe erteilt. Die Schülerinnen und Schüler sitzen mehr oder weniger stolz mit ihren mehr oder weniger umfangreichen Texten am nächsten Tag vor Ihnen. Sie wissen, dass nun einige bestimmt frustriert werden, wenn Sie sie nicht lesen lassen, aber alle drannehmen geht eben nicht. Also liest Schüler 1, Schülerin 2 und sogar noch Schüler 3. Sie haben kurz kommentiert, vielleicht auch schnell da oder dort korrigiert, jedenfalls nimmt die Aufmerksamkeit bei den Zuhörerinnen und -hörern und nicht zuletzt Ihre (!) zunehmend ab. Wie soll man das auffangen? Wie können möglichst viele ihre Arbeiten vorlesen und wie kann mit diesen gebührend umgegangen werden? Ist es befriedigend, wenn die restlichen 20 oder mehr vielleicht richtig guten Arbeiten wieder in den Taschen der Schülerinnen und Schüler verschwinden? Da kann eine Gruppenpyramide, wie sie hier im Band vorgestellt wird, ein wahres Highlight für alle werden! Alle Texte werden gelesen, verbessert und es gibt am Ende noch eine „winner version".

Oder stellen Sie sich die Gesichter Ihrer Klasse vor, wenn Sie den Auftrag geben „Write a characterization of Ralph" (Figur aus „Lord of the Flies"). Wenn die Schülerinnen und Schüler ein Interview oder ein Verhör mit der Person anfertigen, sie entsprechend ihrer Wesensart, wie sie im Roman ersichtlich wird, antworten lassen, dann werden gleich zwei Fliegen mit einer Klappe geschlagen: Textkenntnis und das Verhalten der Person sowie ihre psychischen Eigenheiten müssen eingebracht werden, sonst wirkt das Interview oder das Verhör nicht echt. Danach kann die Schreibarbeit als Hausarbeit erteilt werden und bestimmt wird die Charakterisierung viel lebendiger als ohne das Einfühlen in die Person und ihre Darstellung.

Die Beispieltexte im Band sind so gewählt, dass Sie die Methoden leicht auf andere Werke übertragen können. „Lord of the Flies", der Golding-Klassiker, wird hier z.B. nicht deshalb, weil wir ihn als *das* Werk für den handlungsorientierten Unterricht halten, öfter zur Darstellung herangezogen, sondern weil wir meinen, dass er unter den Kolleginnen und Kollegen weit bekannt sein dürfte und die Methoden an einem bekannten Werk besser nachvollzogen werden können. Die *short (short) stories* hingegen halten wir für inhaltlich so „multifunktional", dass sie bestimmt in eine Ihrer Unterrichtseinheiten integriert werden können und mit ihnen nach unserer im Unterricht erfolgreich getesteten Methode verfahren werden kann.

Wir danken all denjenigen, die im kollegialen Gespräch mit uns Ideen und Bedenken ausgetauscht haben, sowie den Kolleginnen und Kollegen vieler auch gemeinsam gehaltener Fortbildungsveranstaltungen für Anregungen. Unsere Adaptionsarbeit für den Englischunterricht in der Oberstufe wurde kompetent und freundlich von der Verlagsredakteurin, Frau Marion Kramer, betreut, der wir hier sehr herzlich danken möchten.

New methods – new ways:

Fishbowl ...

Give your lesson

a different perspective!

We wish you vivid, funny, and successful lessons with your method guide!

The authors and publishers

Dictionary rally

Das einsprachige Wörterbuch ist ein Hilfsmittel, das leider viel zu wenig aktiv benutzt wird. Um die vielfältigen Einsatzmöglichkeiten und den Umgang mit dem Wörterbuch kennen und schätzen zu lernen, eignet sich eine lernzirkelartige Rallye durch das Werk mittels Aufgaben, die mit dem Wörterbuch gelöst werden müssen.

Ausführung im Unterricht

Im Klassenraum wird je nach Anzahl der Arbeitsblätter an verschiedenen Stellen ein Stapel mit den Papieren entsprechend der Anzahl der Schülerinnen und Schüler positioniert. Alle haben ein einsprachiges Wörterbuch am Platz und arbeiten allein. Sie sollen zunächst herumgehen und sehen, was zu tun ist. Dann können sie nach Belieben an das Abarbeiten der Aufgabenblätter gehen. Sie müssen diese allerdings in der von Ihnen vorgegebenen Zeit erledigt haben.

Wenn ein Schüler fertig ist, erhält er – je nachdem, wie Sie die Aufgaben konzipiert haben – von Ihnen das Lösungsblatt, um sich selbst zu kontrollieren, oder er gibt seine Ergebnisse ab. Da dies sukzessiv geschieht, können Sie, während die Schülerinnen und Schüler an die nächste Aufgabe gehen, korrigieren. Behalten Sie die Blätter und vermerken Sie die Abgabezeit. Blätter mit Fehlern lassen Sie zurückgehen.

Gewonnen hat die Wörterbuchrallye, wer zuerst alles richtig abgegeben hat. Diejenige oder derjenige kann Ihnen dann bei der Korrektur der noch anstehenden Blätter helfen.

In großen Klassen können Sie festsetzen, dass Sie nur die drei Ersten „prämieren". Nachdem die drei Ersten ermittelt sind, können Sie die Korrektur abbrechen und die ersten drei Schülerinnen und Schüler können den anderen, die vielleicht noch nicht fertig sind, die Lösungen vorlesen. Es liegt in Ihrem Ermessen, ob die noch nicht fertig gewordenen Schülerinnen und Schüler ihre Aufgaben ggf. als Hausarbeit vollenden sollen, oder ob Sie es dabei bewenden lassen, dass diese die Aufgabenlösungen gehört haben und wissen, was sie hätten finden oder erarbeiten sollen.

Zeitbedarf	45 Min.
Material	• Arbeitsblätter mit Aufgaben • ein einsprachiges Wörterbuch pro Schülerin oder Schüler

Mögliche Schwierigkeiten Das System kann leicht chaotisch werden, wenn die Schülerinnen und Schüler sich nicht auf den Wettbewerbscharakter einlassen und Sie ständig das Zusammenarbeiten oder eine „Unterwanderung" der Idee unterbinden müssen, weil „einer für alle" arbeitet und einige Schülerinnen oder Schüler von ihm abschreiben.

Beispielaufgaben

Folgende Aufgaben können Sie auf DIN-A4-Blätter kopieren und als Arbeitsblätter nutzen. Natürlich können die Aufgaben abgewandelt oder ergänzt werden. Es handelt sich lediglich um Musterbeispiele, die Reihenfolge kann beliebig abgewandelt werden. Es sollte beim Erstellen der Blätter jedoch darauf geachtet werden, dass alle Aufgaben auf diesen gelöst werden können. Es muss also genügend Platz zwischen einzelnen Aufgabenteilen zum Schreiben sein. Die Aufgaben sind zur neuesten Ausgabe des **Oxford Advanced Learner's Dictionary** of Current English, A.S. Hornby, **New Edition 2000** [sixth edition], edited by Sally Wehmeier erstellt, die Aufgaben können jedoch auch ohne Probleme mit älteren Ausgaben gelöst werden. Allerdings sind diese nicht seitenidentisch mit der neuesten Auflage.

1. Aufgabe zur Sensibilisierung für Homonyme. Hier könnte ein deutsch-englisches Wörterbuch ggf. zu Hilfe genommen werden oder die Schülerinnen und Schüler kommen über *patchwork* auf *patch*. Im zweiten Block hilft die Aufschrift „*scale*" auf dem Stadtplan.

Aufgabe What do these things have in common?

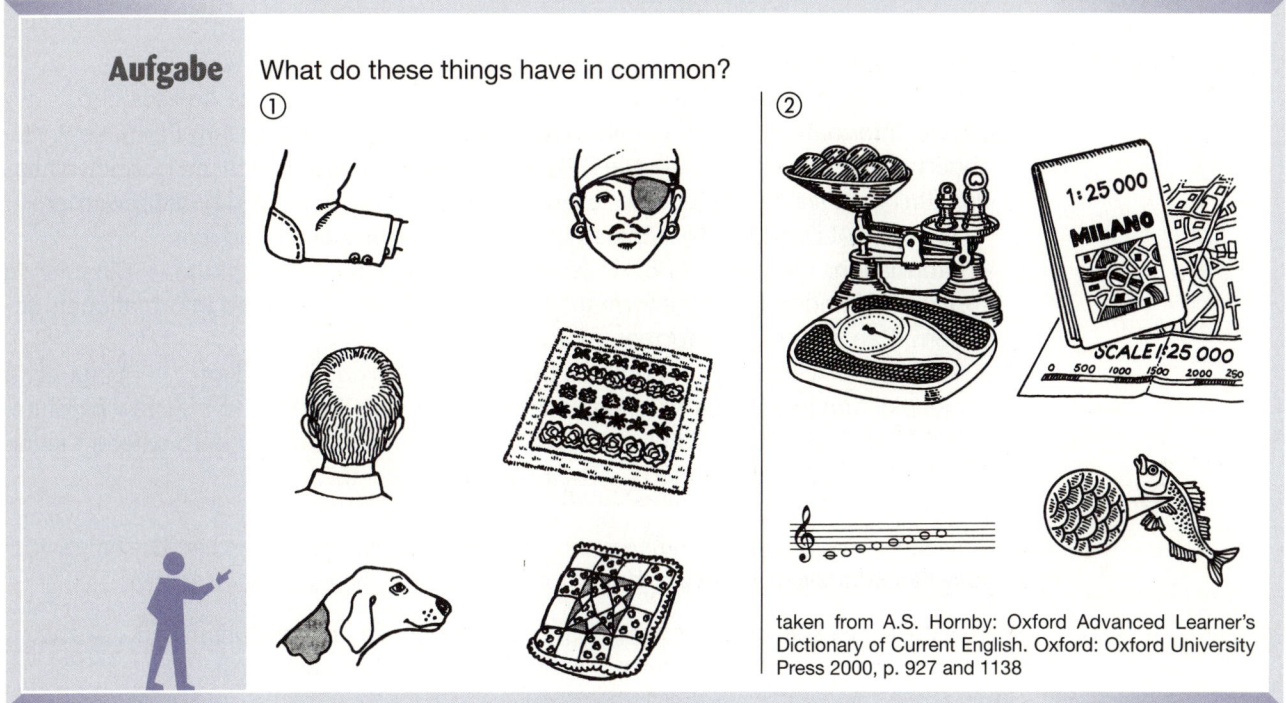

taken from A.S. Hornby: Oxford Advanced Learner's Dictionary of Current English. Oxford: Oxford University Press 2000, p. 927 and 1138

Lösung They are all patches or made of patches (OALD, p. 927); there are more meanings for scale and scales (OALD, p. 1138).

2. Aufgabe zur Auflösung eines homonymen Begriffs, *pun*-Charakter des Wortes erkennen:

Aufgabe Do you get the joke?

Sir Teasing meets Lord Carrington at the usual time at the usual club. He is pondering about a grave problem. Finally he asks his fellow club member, "Lord Carrington, do you think there should be clubs for women?" After some hesitation, the lord answers, "Well, if all other means of persuasion fail."

Explain the joke (write down what you think it is about). Where's the pun?

Lösung The pun is on "club". It has first of all the meaning of a group of people who meet at a special place or in special rooms for a particular activity, sports or the like. But it can also mean a weapon, a long and heavy stick. Lord Carrington has the association that Sir Teasing is asking him whether he finds it alright to beat women if they do not obey or agree with their husbands' opinions, e.g. in an argument or quarrel.
(OALD, p. 224 / 1., 2. and 7.)

3. Aufgabe zur Vertiefung der besonderen Pluralformen bzw. -bildungen einiger englischer Wörter:

Aufgabe

Why are these words tricky?

news / advice / information / furniture / fish

Make your own example sentences to show why they are tricky for German students! You can also write the German sentence to show the difference.

Lösung

- news: Pluralform, die grammatikalisch als Singular gehandhabt wird: news, OALD, p. 856, 4. Central heating is bad news for ... → The news is bad.
- advice, information, furniture, fish: Singularformen, die im Plural ihre Form nicht verändern, also kein „s" erhalten. Die Definitionen zeigen, dass es sich um Kollektiva handelt. Will man sie im Singular benutzen, muss „a piece of ..." o.Ä. benutzt werden:
  - advice, OALD, p. 19: [examples:] Let me give you a piece of advice.
  - information, OALD, p. 666: 1. facts or details about something, → Singular: a piece of information, pl. information → Können Sie mir weitere Informationen geben? Can you give me further information?
  - furniture, OALD, p. 524: 1. objects that can be moved, like tables ... → Singular: a piece of furniture → Wir müssen neue Möbel kaufen. We need to buy new furniture.
  - fish, OALD, p. 480: 1. fish = normal plural, fishes only if referring to different kinds of fish but rather outmoded → They caught several fish.

4. Falsche Konnotate erkennen:

Aufgabe

Looks like German – why are these words "false friends"?
Find their true English meaning. Give an example or explanation that, if translated into German, shows the difference between "looks and meanings":

1. actual	3. branch	5. economical	7. genial	9. rent (noun)
2. brief	4. chef	6. fabric	8. provision	10. sensible

Lösung

Die Schülerinnen und Schüler können ein Beispiel aus dem Wörterbuch übernehmen und sollten die deutsche Übersetzung des Wortes notieren.

1. actual – OALD, p. 13 [nicht: aktuell] tatsächlich, an sich → see word box
2. brief – OALD, p. 146 [nicht: Brief] kurz → a brief meeting, a brief pause ...
3. branch – OALD, p. 140 [nicht: Branche] Zweig → She hid in the branches of the tree.
4. chef – OALD, p. 201 [nicht: Chef] Chefkoch → professional cook
5. economical – OALD, p. 399 [nicht: ökonomisch] sparsam → An economical car doesn't consume a lot of petrol.
6. fabric – OALD, p. 448 [nicht: Fabrik] (Web-)stoff, Textilie → material that is woven and used for making clothes
7. genial – OALD, p. 535 [nicht: genial] freundlich, humorvoll → A genial smile is a friendly smile.
8. provision – OALD, p. 1021 [nicht: Provision] Versorgung → a provision of food for the hungry people of the world
9. rent – OALD, p. 1079 [nicht: Rente] Miete → an amount of money one has to pay regularly for using a house
10. sensible – OALD, p. 1164 [nicht: sensibel] vernünftig → I think that is a sensible idea.

5. Herausfinden, ob ein Verb ein *gerund* bedingt oder ob es seine Bedeutung je nach Kollokation mit der „*-ing*"-Form oder dem „*to*"-Infinitiv ändert:

Aufgabe

Gerund or infinitive?

Do these verbs take the "-ing"-form or the "to"-infinitive or both? What happens if they take both?

1. to avoid
2. to enjoy
3. to mean
4. to regret

5. to remember
6. to prefer
7. to stop
8. to suggest

Lösung

Die Schülerinnen und Schüler können durch sorgfältiges Lesen herausfinden, dass nach *to avoid, to enjoy, to regret, to prefer, to suggest* das *gerund* folgt. Gekennzeichnet sind diese Wörter durch [V–ing]. Wer das erkennt, kommt schneller voran.
Bei *to mean, to remember, to stop* ändert sich die Bedeutung des Wortes je nach Konstruktion.

1. to avoid – OALD, p. 71, 2 [V-**ing**] I've been avoiding getting down …
2. to enjoy – OALD, p. 416 [V-**ing**] I enjoy playing tennis …
4. to regret – OALD, p. 1070 [V-**ing**] He bitterly regretted ever having …
6. to prefer – OALD, p. 994 [V-**ing**] I prefer playing in defense.
8. to suggest – OALD, p. 1301 [V-**ing**] I suggested going in my car

3. to mean – OALD, p. 793, 3 … [Vn**to**inf] = have a purpose: I didn't mean to (hurt you). = [G. beabsichtigen]; 5 [V-**ing**] = have a result: This new order will mean working overtime. = [G. bedeuten]
5. to remember – OALD, p. 1076, 4 … [V**to**inf] = sth you have to do: Remember to call me when you arrive! **HELP:** Notice the difference between remember doing sth and remember to do sth: *I remember posting the letter* means …
7. to stop – OALD, p. 1279, 2 = not continue … **HELP:** Notice the difference between stop doing sth and stop to do sth …

---

6. Die folgenden zwei Aufgaben dienen dazu, weitere Eigenschaften des Wörterbuches kennen zu lernen. So kann man idiomatische Wendungen vernünftig übersetzen, vermeintliche Personen finden, häufige Fehlerfallen vermeiden und sich über die richtige Verwendung von Wörtern im Kontext informieren oder versichern (*to say – to tell*), über Abkürzungen schlau machen und Nützliches für die Landeskunde finden:

Aufgabe

Dictionary maxi mix (1)
Answer the questions in short sentences or give examples:

1. What does it mean when someone "gives the floor" to you?

2. When you are on the first floor of a building in Britain, where would you be in an American one?

3. What is a "faucet" in BrE?

4. Who is "Jane Doe" and who is her brother?

5. Who is "John Bull"?

6. What are "marsupials"? Where do they live? Where can you find more information on marsupials and their home country?

Lösung 1. und 2. kann mit dem Eintrag floor OALD, p. 491 gelöst werden.

1. IDM get/be given/have the floor: to get the right to speak during a discussion or debate
2. British/American infobox → I would be on the second floor in an American building.
3. faucet, OALD, p. 461 → BrE tap
4. Jane Doe, OALD, p. 693 (unknown woman, esp. juridicial, average woman) → verweist auch auf John Doe
5. Wenn John Doe aufgeschlagen wird, finden die Schüler auch sofort die Antwort auf John Bull, OALD, p. 697 (England, English people, typical Englishman).
6. Hier sollten die Schülerinnen und Schüler zunächst die Definition auf OALD, p. 786 finden. → any Australian animal that carries its young in a pocket of skin (called a pouch) on the mother's stomach. Kangaroos and koalas are marsupials.

Weitere Informationen zu den Tieren finden sie in der Abbildung A6. → a baby kangaroo is called a joey. It sits in the mother's pouch. Koalas live in eucalyptus trees, they look like small bears with bushy ears. Sie können auch im Wörterbuch nach weiteren Angaben zu den Tieren suchen.

Informationen zu Australien finden die Schülerinnen und Schüler indirekt, d.h. es gibt keinen Haupteintrag zu *Australia*, jedoch kann in der Nähe des Eintrages *Australian* die Bezeichnung *Aussie* gefunden werden (OALD, p. 68). Die Schülerinnen und Schüler sollten die Karte zu Australien im Bilderteil C *maps* finden und die Informationen in einem selbst erstellten Text wiedergeben:

OALD C8 (between pp. 1188 and 1189) → Australia is an island with the Indian Ocean in the west … its capital city is Canberra … there are six states and two territories: Victoria, New South Wales, … its highest point is Ayers Rock (867 m).

Aufgabe

Dictionary maxi mix (2)
Answer the questions by giving the main rules and examples:

1. What is the difference between many / a lot of / lots of?
2. Why does "to say" not always work for German "sagen"?
3. How does the prop-word "one/ones" work in English? Give one example where it is needed and one where it shouldn't be used.

Lösung 1. many / a lot of / lots of, OALD, p. 782: Die Erklärung hierfür kann dem Kasten „Which word? many / a lot of / lots of" entnommen werden. Das Auffinden könnte ein wenig problematisch sein, da das Nachschlagen unter „many", p. 781 nicht zum Kasten führt und es in dem Artikel auch keinen Hinweis darauf gibt. Auch wurde der Kasten nicht in Anschluss an den Eintrag gestellt, sondern unterbricht (nicht sehr sinnvoll, aber wahrscheinlich drucktechnisch bedingt) den Eintrag „map". Dennoch sollten die Schülerinnen und Schüler auf solche kleinen kostbaren Fundgruben hingewiesen werden und dadurch lernen, dass sich das Herumblättern im Wörterbuch lohnt.
2. to say/to tell, OALD, p. 1137: Die nötigen Informationen finden sich in einem Info-Kasten, der dem Eintrag *say-so* nachgestellt ist, sich aber durch das Nachschlagen von *say* leicht finden lässt.
3. prop-word one/ones, OALD, p. 885: der *Grammar Point*, der in den Eintrag unter *one*, p. 884 – 885, integriert ist, gibt alle erforderlichen Informationen und Regeln zur Verwendung.

Falls die Schülerinnen und Schüler mit ihren eigenen Wörterbüchern arbeiten oder es ihnen gestattet werden kann, das Wörterbuch mit nach Hause zu nehmen, könnte als Hausarbeit die Umsetzung eines Wortfeldes wie z.B. bei *weather* die Stunde abschließen. Die Aufgabe hierzu könnte lauten:

Aufgabe Write a thrilling newspaper report on the biggest storm that has ever come over your hometown. Use as many words from the word-box as possible.

Rhetoric and presentation techniques

„Präsentation" bedeutet Information mithilfe visualisierender Medien und wurde zunächst in der Wirtschaft angewendet, um bestimmte Interessensgruppen mit neuen Entwicklungen vertraut zu machen bzw. für diese zu werben. Im schulischen Bereich löst die Präsentation mehr und mehr das klassische Referat ab. Die Grenzen zwischen beiden sind fließend, wobei bei der Präsentation der adäquate Einbezug und die Handhabung der Medien im Vordergrund steht, während im Referat der Schwerpunkt auf dem verbalen Vortrag liegt.

Da die Präsentation als Möglichkeit der Darbietung eines individuell erarbeiteten Themas bzw. der Vorstellung der Ergebnisse einer Gruppenarbeit für viele Schülerinnen und Schüler aber auch für Lehrerinnen und Lehrer eine bisher noch ungewohnte Darbietungsform ist, soll hier mit den wichtigsten Aspekten dieser Methode vertraut gemacht werden.

Ausführung im Unterricht

1. Vorüber-legung

Vor Beginn der Planung und der eigentlichen Arbeitsphase sollten Sie Rahmenbedingungen wie inhaltliche Ziele, Zielgruppe und äußere Gegebenheiten (Zeit, Raum) festlegen.

2. Aufbau

Auch eine Präsentation gliedert sich in die drei klassischen Teile Einleitung – Hauptteil – Schluss, wobei allerdings der direkte Publikumsbezug eine entscheidende Rolle spielt.

Am Beginn des Vortrags stehen zunächst die Begrüßung der Zuhörerschaft und die Vorstellung des Präsentierenden. Im Anschluss daran werden Thema und Vorgehensweise bzw. Gliederung der Präsentation genannt.

Der Hauptteil ist der Darstellung des Themas mithilfe visualisierender Medien (Schlüsselbegriffe werden visualisiert) vorbehalten.

Im Schlussteil werden noch einmal die wichtigsten Ergebnisse gebündelt und der Vortragende bedankt sich für die Aufmerksamkeit des Publikums.

3. Medien

Entscheidend für die Wirkung und die Qualität einer Präsentation ist der dem Thema und dem Aufbau angemessene Medieneinsatz. Während eines Vortrages können selbstverständlich mehrere Medien kombiniert werden, allerdings sollte der oder die Vortragende darauf achten, keine „Medienschlacht" zu veranstalten und Medien nicht um der Medien willen einzusetzen. Bei der Auswahl eines geeigneten Mediums gilt der Grundsatz: Die Sache bestimmt das Medium. Im Folgenden werden die vier klassischen Präsentationsmedien mit ihren Vor- und Nachteilen vorgestellt.

Computerpräsentationsprogramme

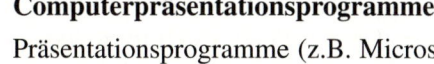

Präsentationsprogramme (z.B. Microsoft „PowerPoint") erfreuen sich gerade bei Schülerinnen und Schülern großer Beliebtheit, da sich, die Beherrschung der Technik vorausgesetzt, dem Präsentierenden praktisch unbegrenzte gestalterische Möglichkeiten bieten. Von Vorteil ist weiterhin, dass diese Form der Darstellung unabhängig von der Anzahl der Zuhörer eingesetzt werden kann. Ein Präsentationsprogramm ist vor einer Schulklasse mit 25 bis 30 Schülerinnen und Schülern genauso attraktiv wie in einem 500 Zuhörer fassenden Hörsaal.

Eine Computerpräsentation kann im Vorfeld komplett erarbeitet und sollte während des Vortrags nicht mehr verändert werden müssen. Sollen allerdings im Laufe eines Vortrags Ergebnisse erarbeitet und dargestellt werden, so kann zur Visualisierung auf ein anderes Medium zurückgegriffen werden oder es können entsprechende Folien bzw. Texte direkt eingefügt werden.

Ein entscheidender Nachteil bei Computerpräsentationen ist die Abhängigkeit von der Technik. Geräte- oder Softwarefehler können in der Regel nicht innerhalb kurzer Zeit behoben werden und die übliche Schulausstattung bietet normalerweise keine Auswahl an Ersatzgeräten. Ein weiterer Aspekt, der gerade bei der Bewertung von Schülerpräsentationen oft zu großer Enttäuschung führt, ist die Gefahr, dass eine Computerpräsentation zur technischen Spielerei verkommt, während die inhaltliche Qualität zu wünschen übrig lässt. Sie müssen den Schülerinnen und Schülern deshalb klar machen, dass das Medium den verbalen Vortrag lediglich unterstützt, nicht jedoch ersetzen kann.

Das Gerät (z.B. mobile Beamereinheit) muss vor dem Vortrag betriebsbereit sein.

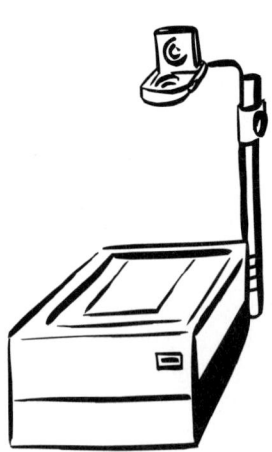

Tageslichtprojektor (Overhead-Projektor)

Ein inzwischen klassisches Medium, mit dem sowohl Schüler als auch Lehrer seit langem vertraut sind, ist der Tageslichtprojektor. Er ist die ideale Ergänzung bei Präsentationen im Fremdsprachenunterricht. Handschriftlich kann auf Folien z.B. das Vokabular vor dem Vortrag entlastet werden oder der neue Wortschatz kann im Verlauf mitnotiert werden. Auch eine Nachbereitung sowie inhaltliche Ergänzung des Schülerbeitrags ist auf dem Projektor möglich.

Da der Tageslichtprojektor zu den Standardmedien gehört, werden an die Gestaltung von Folien hohe Ansprüche gestellt. Hierbei sind der Kreativität und den technischen Möglichkeiten ebenfalls kaum Grenzen gesetzt.
Folien können im Voraus vorbereitet werden, sind leicht zu transportieren und können mehrmals eingesetzt werden. Sie sollten übersichtlich strukturiert und sauber gegliedert werden. Jede Folie braucht eine Überschrift, damit für den Zuhörer jederzeit klar erkennbar ist, auf welchen Teilaspekt des Themas sie sich bezieht. Die Folie wird lediglich mit Stichpunkten, nie mit ganzen Texten beschrieben, denn sie soll das Wichtigste visualisieren, also für den Zuhörer präsent machen. Die Elaboration erfolgt durch den mündlichen Vortrag. Die Anzahl der Folien soll möglichst gering gehalten werden, da ein zu rascher Folienwechsel die Zuhörerschaft ermüdet und ablenkt. Um eine Folie gut lesbar zu gestalten, ist eine Schriftgröße von 18 dpi für den Text, 24 dpi für die Überschriften zu empfehlen. Schriften ohne Serifen (z.B. Arial) sind für das Auge leichter zu erkennen als Schriften mit Serifen (z.B. Times New Roman).

Schülerinnen und Schüler müssen den Umgang mit dem Projektor meist ein wenig üben. Ein weit verbreiteter Fehler ist es nämlich, dass nicht von der Folie neben dem Projektor stehend dem Publikum zugewandt gelesen wird, sondern dass die Schüler den Zuhörern den Rücken zukehren und zur Wand sprechen! Nicht ohne Grund heißt das Gerät „over head projector". Das über die Schulter und den Kopf an die Wand geworfene Bild gibt dem Sprecher die Möglichkeit, während des Vortrags auch beim Schreiben dem Publikum zugewandt zu bleiben. Gezeigt wird grundsätzlich nicht an der Wand, sondern mit einem Stift oder Zeiger auf der Folie.

Ebenso wie der Computer ist auch der Tageslichtprojektor anfällig für technische Fehler. Der Vortragende muss daher das Gerät vor der Präsentation unbedingt überprüfen und in Erfahrung bringen, wo gegebenenfalls ein Ersatzgerät zu beschaffen ist. Das Gerät muss vor Beginn der Präsentation betriebsbereit sein (Netzanschluss, u.U. Verlängerungskabel, optimale Ausrichtung der Projektionsfläche). Da Projektoren mit unterschiedlicher Brennstärke auf dem Markt sind, ist auch abzuklären, welches Gerät für welchen Raum geeignet ist (Räume mit Fenstern zur Südseite sind am späten Vormittag sehr hell und müssen evt. abgedunkelt werden) und ob sich im Raum eine geeignete, für alle gut sichtbare Projektionsfläche befindet.

Flipchart

Das Flipchart ist das an der Schule wohl am wenigsten benutzte Medium, obwohl es dem Vortragenden ein breites Spektrum gestalterischer Möglichkeiten gibt, denn es verbindet die Vorteile lebendiger, d.h. veränderbarer, und toter, d.h. im Laufe des Vortrags nicht veränderbarer Medien.

Zum einen können Flipchartbögen im Vorfeld des Vortrags optimal vorbereitet werden. Dabei ist kariertes Chartpapier zu bevorzugen, da es auch wenig kreativ begabten Präsentatoren die Möglichkeit bietet, überzeugend gestaltete Visualisierungen zu erstellen. Andererseits können Charts im Laufe des Vortrags ergänzt (einer vorbereiteten Auflistung negativer Aspekte eines Themas können beispielsweise während des Vortrags ihre positiven Entsprechungen gegenübergestellt werden o. Ä.) oder vollkommen neu erstellt werden, wobei Konturen vorher dünn mit Bleistift vorgezeichnet werden können.

Bei der Beschriftung eines Charts ist darauf zu achten, dass Druckschrift verwendet wird, die Schrift mindestens zwei Kästchen groß ist und dass, abgesehen von grammatikalischen Notwendigkeiten, keine Versalien (Großbuchstaben) verwendet werden, da diese für das Auge schwer zu erkennen sind.

Des Weiteren kann ein Chart auch als eine Art Spickzettel verwendet werden, auf dem wichtige Stichpunkte mit Bleistift an entsprechender Stelle (für das Publikum nicht zu sehen) eingetragen werden können. Während des Vortrags kann auf bereits verwendete Charts durch Zurückblättern problemlos zurückgegriffen werden.

Das Flipchart ist, sofern fachgerecht aufgebaut, im Vergleich zu Computer und Tageslichtprojektor kaum anfällig für technische Fehler, allerdings muss auch hier vor dem Vortrag der optimale Standort festgesetzt werden.
Ein klarer Nachteil des Flipcharts ist die von der Größe des Raumes (Klassenzimmer oder Seminarraum) und der Zahl der Zuhörer (höchstens 30) abhängige Begrenzung der Anwendbarkeit.

Pinnwand

Während die Pinnwand in der Schule meist als „Halterung" für Plakate oder Bekanntmachungen bzw. als Stellwand in Ausstellungen Verwendung findet, bietet sie im Rahmen einer Präsentation eine Fülle gestalterischer Möglichkeiten und sollte dann eingesetzt werden, wenn die Erarbeitung einer Visualisierung Teil des Vortrags ist. Die Pinnwand ist von allen hier vorgestellten Medien das flexibelste, was jedoch dem Präsentierenden große Sicherheit im Auftreten, in der Handhabung des Mediums und nicht zuletzt in seinem Thema abverlangt.

Unter Verwendung von farbigen Karten können auf der Pinnwand im Laufe eines Vortrags einfallsreiche Visualisierungen erstellt werden. Dabei kann ein Grundstock von Materialien (beschriftete Karten) sowie das Layout im Vorfeld vorbereitet und die Visualisierung dann im Laufe des Vortrags effektiv entwickelt werden. Bei der Arbeit mit Karten ist zu beachten, dass diese nicht einfach während des Redens angebracht, sondern zuvor dem Publikum gezeigt und vorgelesen werden. Auch hier können Bilder oder Grafiken mit Bleistift vorstrukturiert werden.

Im Gegensatz zum Flipchart kann die Pinnwand auch in größeren Räumen bzw. vor einem größeren Publikum eingesetzt werden, sofern der optimale Standort gewählt ist.

4. Verhalten des Vortragenden

Da Schüler im Schulalltag den überwiegenden Teil der Zeit als Zuhörer verbringen, ist es für die meisten sehr ungewöhnlich, zum Teil sogar unangenehm, sich als Vortragender, zumal in der Fremdsprache, zu exponieren. Aus diesem Grund ist es wichtig, ihnen einige Tipps zum Verhalten während des Vortrags an die Hand zu geben.

Gestik, Mimik, Bewegung

Zunächst ist auf eine natürliche Gestik und Mimik zu achten. Weder stocksteifes Verharren an einer Stelle noch hektische Bewegungen machen es dem Publikum leicht, sich auf den Vortrag zu konzentrieren. Die Hände sollten sich zwischen Schulterhöhe und Taille bewegen, weit ausholende Bewegungen wirken übertrieben und unnatürlich. Stichwortkarten oder auch nur einen Schreibstift in der Hand zu halten, erleichtern es vielen, mit ihrer Nervosität umzugehen.

Die Bewegung im Raum ist ein Anzeiger für Nervosität, Gelassenheit, Sicherheit oder Unsicherheit des oder der Vortragenden. Auch hier gilt es, alles zu vermeiden, was unnatürlich wirkt. Die oben angesprochenen Medien bieten dem oder der Vortragenden dabei verschiedene Möglichkeiten. Während der Computer je nach technischer Ausstattung den Vortragenden an das Gerät bindet oder es ihm gestattet, sich frei im Raum zu bewegen, fixiert der Tageslichtprojektor den Vortragenden rechts oder links neben dem Projektor, da hier nicht nur

Folien gewechselt, sondern auch einzelne Stichpunkte auf der Folie, nicht auf der Projektionsfläche gezeigt werden. (Gezeigt wird, indem man auf die Folie an der entsprechenden Stelle einen Stift anlegt. Dabei ist darauf zu achten, dass man die Folie nicht mit der Hand verdeckt.) Dies hat den Nachteil, dass der Vortrag für das Publikum recht statisch wirkt, bietet aber gerade nervösen Vortragenden eine gewisse Sicherheit.

Flipchart und Pinnwand räumen dem Vortragenden größere Bewegungsfreiheit ein. Zu beachten ist hier lediglich, dass der Vortragende die Visualisierungsflächen nie verdeckt, d.h. sich nie direkt davor stellt. Sollen bestimmte Aspekte auf dem Flipchart oder der Pinnwand gezeigt werden, so befindet sich der Vortragende seitlich rechts oder links vom Medium. Gezeigt wird mit der Hand, nicht etwa mit einem Zeigestock o. Ä.

Blickkontakt

Der Blickkontakt zum Publikum ist ein Faktor, der wesentlich zum Wecken von Interesse beim Publikum beiträgt. Dabei ist es wichtig, den Schülerinnen und Schülern zu verdeutlichen, dass sie Blickkontakt zum gesamten Publikum, nicht etwa zu einzelnen Personen (z.B. dem Lehrer oder der Lehrerin) halten. Die oben vorgestellten Medien ermöglichen es dem Vortragenden, den Blick fast immer der Zuhörerschaft zuzuwenden, allerdings gilt es ein paar einfache Regeln zu beachten. Beim Arbeiten mit dem Computer oder mit Overheadfolien darf der Vortragende nicht mit Blick auf die Projektionsfläche, beim Einsatz von Flipchart oder Pinnwand nicht mit Blick auf die Demonstrationsfläche arbeiten. Ein kurzer Kontrollblick sollte genügen, um sicherzustellen, dass das Publikum die richtige Animation, Folie oder Chart sieht bzw. dass die Karten richtig an der Pinnwand angebracht sind.

Sprache

Gerade in der Fremdsprache ist darauf zu achten, dass der Vortrag in kurzen, klar strukturierten Sätzen formuliert ist. Deutliches, lautes und langsames Sprechen und das bewusste Setzen von Pausen erleichtern es der Zuhörerschaft, dem Vortrag zu folgen. Der Vortrag muss frei gehalten werden, Stichwortkarten können benutzt werden.

Es wäre sicherlich hilfreich, vor der eigentlichen Präsentationsphase mit den Schülerinnen und Schülern eine Sammlung von Redewendungen anzulegen, die den freien Vortrag vereinfachen können.

5. Hand-out   Die wichtigsten Ergebnisse der Präsentation werden auf einem in der Regel eine bis zwei DIN-A4-Seiten umfassenden Hand-out zusammengefasst, das dem Publikum vor der Präsentation ausgeteilt werden sollte, damit die Zuhörer darauf Ergänzungen aus dem Vortrag eintragen können.
Das Hand-out muss in einer Bibliografie die verwendete Sekundärliteratur sowie die benutzten Internetseiten verzeichnen.

6. Schriftliche Ausarbeitung (Hausarbeit)   Wenn Sie neben der Präsentation mit Hand-out von Ihren Schülerinnen und Schülern eine schriftliche Ausarbeitung des Vortrags verlangen, sollten Sie vorher die Erarbeitung und Ausführung schriftlicher Hausarbeiten besprechen, da dies auch für Schüler der Oberstufe meist völliges Neuland bedeutet.

Der angemessene Umgang mit Sekundärliteratur ist ein Thema, das Schülerinnen und Schülern große Probleme bereitet. Machen Sie ihnen klar, dass das Einbeziehen von Quellen nicht bedeutet, dass man einfach verschiedene Passagen aus Büchern oder Internetseiten aneinander reiht (Stichwort Plagiat), sondern dass diese lediglich als Informationsquelle für einen eigenständig zu erarbeitenden Text anzusehen sind. Wörtliche Zitate müssen als solche gekennzeichnet sein, die Quellen müssen angegeben werden.

Eine Hausarbeit hat ein Deckblatt, auf dem das genaue Thema, der Name des Verfassers und das Datum verzeichnet sind. Ein Inhaltsverzeichnis informiert über den Aufbau und die Seitenzahlen der einzelnen Kapitel (eine schriftliche Ausarbeitung gliedert sich in drei Teile, eine Einleitung, einen in mehrere Kapitel unterteilten Hauptteil und einen Schlussteil). Quellen werden entweder am Ende jeder Seite oder gebündelt am Ende der Arbeit angegeben. Die Bibliografie mit einer Auflistung der gesamten verwendeten Sekundärliteratur schließt die Arbeit ab. Während in den „Anmerkungen" die entsprechenden Titel bzw. Internetadressen chronologisch aufgelistet werden, werden sie in der Bibliografie in alphabetischer Reihenfolge verzeichnet. Zu einer vollständigen bibliografischen Angabe gehören Autor, Titel, Erscheinungsort, Verlag, Erscheinungsjahr und gegebenenfalls die Seitenzahl. Erläutern Sie Ihren Schülerinnen und Schülern, wie zu zitieren ist (z.B. bei Büchern: Autor: Titel (Erscheinungsort: Verlag, Erscheinungsjahr), S. X; bei Internetseiten die vollständige Internetadresse).

7. Zuhörer Sie sollten die Klasse unbedingt dazu anhalten, während des Vortrags die wichtigsten Details festzuhalten. In einem sich der Präsentation anschließenden Klassengespräch können Sie noch einmal die wichtigsten Ergebnisse sichern bzw. eventuelle Fehler korrigieren.

An die Präsentation sollte sich ein so genanntes Evaluationsgespräch anschließen, in dem sich die Zuhörerschaft über ihre Eindrücke der Präsentation austauscht. Dies soll im Sinne der konstruktiven Kritik geschehen und dem Einzelnen Hinweise und gegebenenfalls Verbesserungsvorschläge für weitere Präsentationen an die Hand geben. Ein Evaluationsbogen (KV 15, S. 54) kann diese letzte Phase der Präsentationsarbeit erleichtern.

Ausführung am Beispiel von „The Tell-Tale Heart" von Edgar Allan Poe

Im Folgenden finden Sie eine Modellpräsentation zu E.A. Poes „The Tell-Tale Heart" (Text auf KV 16 u. 17, S. 61ff.), die Sie Ihren Schülerinnen und Schülern nach der Besprechung der theoretischen Grundlagen der Präsentation (s.o.) als praktische Umsetzung vorstellen können. Denkbar ist auch der umgekehrte Weg, nämlich die Präsentation als Einstieg in eine Einheit zum Thema „Präsentieren" zu nutzen und an ihr die theoretischen Grundlagen, wie sie oben erläutert wurden, zu erarbeiten.

Inhalt und Interpretationsschwerpunkte Der Erzähler lebt bei einem wohlhabenden alten Mann, gegen den er, wie er selbst beteuert, keinen Groll hegt und dessen im Haus verstecktes Geld ihn nicht interessiert. Allerdings fühlt er sich von dem blassblauen, von einem Schleier überzogenen Auge des alten Mannes so sehr bedroht, dass er sich dazu gezwungen sieht, den alten Mann zu töten, um dem Blick des „Evil Eye" zu entgehen. Nachdem er den alten Mann sieben Nächte lang im Schlaf beobachtet hat, kommt es in der achten Nacht zum Mord. Der Erzähler erstickt den alten Mann und versteckt die Leiche unter den Dielen des Fußbodens. Bereits kurz vor dem Mord glaubt er, den Herzschlag des alten Mannes hören zu können. Dieser Eindruck verstärkt sich im Laufe der Nacht. Am frühen Morgen wird das Haus des alten Mannes von Polizisten durchsucht, die zunächst keinen Verdacht schöpfen. Der Mörder verrät sich schließlich selbst, da er den lauten Herzschlag seines Opfers nicht mehr ertragen kann.

Zu Beginn der Kurzgeschichte beteuert der Erzähler seine geistige Integrität, die er durch den Bericht eines minutiös geplanten und durchgeführten Mordes unter Beweis zu stellen versucht. Das Gegenteil ist jedoch der Fall. Sowohl der Bericht als auch die geschilderte Tat machen deutlich, dass es sich bei ihm um einen Geisteskranken handelt. Das Auge und das Herz des Opfers sind Leitmotive, die das Handeln des Mörders bestimmen. Während das Auge Anlass für die Tat ist, führt das Herz zu ihrer Aufklärung. „The Tell-Tale Heart" ist als kriminalpsychologische Studie eines Mörders zu sehen, dem es nicht mehr gelingt, zwischen seinen zwanghaften Vorstellungen und der Realität zu unterscheiden. Der Mord an dem alten Mann ist für

15

ihn (über)lebenswichtig und daher, in seiner Sicht der Dinge, ein Zeichen seiner geistigen Unversehrtheit.

Aufgabe | Make a presentation about E.A. Poe's "The Tell-Tale Heart". Your presentation should include information on Poe's life and on the literary form of the "short story".

Zur Einstimmung auf das Thema wird eine Folie mit einem Porträt Poes gezeigt und dazu zeitgenössische Musik (z.B. César Franck: „Les Eloides" oder „Symphony in d-moll", 1. Satz) eingespielt. Im Anschluss daran werden die wichtigsten Daten von Poes Leben über Folie präsentiert und erläutert.

Zur Präsentation der Merkmale der *short story* wird das Flipchart eingesetzt. Der oder die Präsentierende liest Poes Definition der *short story* vor: „The short story is a piece of art that tries to give us a specific impression of the world we live in. It aims to produce a single narrative event with the greatest economy of means and the utmost emphasis." Der Flipchartbogen wurde längs halbiert und durchgeschnitten. Auf die linke Hälfte wurden die Passagen „a specific impression of the world we live in", „a single narrative event" und „the greatest economy of means" geschrieben. Diese linke Hälfte wird bereits während des Vorlesens des Poe-Zitats gezeigt. Danach wird die rechte Hälfte umgeschlagen, auf der sich als Entsprechung zu Poes Zitat die Stichwörter einer allgemeinen Definition der *short* story befinden. Der so vervollständigte Flipchartbogen wird anhand von „The Tell-Tale Heart" erläutert.

Die eigentliche Interpretation erfolgt mittels einer Moderationswand. Die Chronologie der Ereignisse wird mit Hilfe von Textkarten wiedergegeben, die, kreisförmig angebracht, das Geschehen als Antwort auf die Eingangsfrage „... but why will you say that I am mad?" interpretieren. Die zentrale Rolle des Auges und des Herzens wird durch bildhafte Symbole hervorgehoben. Die Textkarten enthalten die Stichworte: „mad", „closed eye: waiting", „open eye: acting", „furious", „muffled heartbeat: concealing", „loud heartbeat: revealing". Nach dem Anbringen der einzelnen Karten erläutert der oder die Präsentierende deren Bedeutung. Ist der Kreis vollendet, so wird das Fragezeichen hinter der Karte „mad" durch ein Ausrufungszeichen ersetzt, denn der Tathergang beweist, dass der Erzähler geistesgestört ist.

Präsentation – Übersicht

Präsentationsphase	Inhalt	Medium	Zeit
I Einleitung	• Begrüßung und Vorstellung des Themas • Einstimmung anhand eines Porträts von Poe; Unterlegung mit zeitgenössischer Musik	• Tageslichtprojektor/ CD-Player	1 Min. 2 Min.
II Hauptteil	• Erläuterung von Poes Biografie • Erläuterung der literarischen Gattung *short story* • Interpretation von „The Tell-Tale Heart"	• Tageslichtprojektor • Flipchart • Moderationswand	5 Min. 10 Min. 10 Min.
III Schluss	Zusammenfassung; Dank für die Aufmerksamkeit		2 Min.

16

Before you start

- What exactly is your subject?
- What are your aims?
- Who is your audience?
- Which media can/should you use?
- When and where does your presentation take place?

The structure of your presentation

Beginning:

- You welcome the audience and tell them your name.
- You name and explain your subject.
- You explain the structure of your presentation.

Main part:

- You present your subject with the appropriate media.

Conclusion:

- You sum up the important facts of your presentation.
- You thank your audience for their patience and attention.

Media

Medium	Advantages	Disadvantages
Presentation program (e.g. "PowerPoint")	• almost unlimited possibilities • independent of the size of the audience • can be prepared at home	• cannot be modified during the presentation • dependent on technical equipment
Overhead projector	• widely available • many possibilities • transparencies can be prepared at home	• high standard expected • cannot be modified during the presentation
Flipchart	• professional • charts can be prepared at home • can be developed in the course of the presentation • independent of technical equipment	• only small audience (up to 30 people)
Pinboard	• can be prepared at home • can be developed in the course of the presentation	• only small audience (up to 30 people) • experience and self-confidence necessary

Checklist for a successful presentation

Behaviour

- Behave naturally.
- Use positive body language.
- Look at your audience.

Language

- Speak slowly and clearly.
- Make short, simple sentences.
- Use notes but don't read them to your audience.

Handout

- Sum up the most important facts of your presentation in a handout (one page).
- Don't forget your bibliography, including internet addresses.

© Schöningh Verlag, Best.-Nr. 041260-6

Checklist for a successful presentation

Edgar Allan Poe – Biography

19.01.1809	Poe born in Boston, Massachusetts
Dec. 1811	Poe's parents die; Poe is adopted by John and Frances Allan
June 1815	the Allans, with Edgar and his younger sister, leave for England where Edgar goes to school
22.07.1820	return to America
14.02.1826	Poe enters University of Virginia
26.05.1827	Poe enlists in the army
1827	Poe's first book is published
June 1830	Poe enters West Point
03.03.1831	Poe is dismissed from West Point
1831	"Poems" published in New York
16.05.1836	Edgar (aged 27) marries Virginia (aged 13); Poe works for various magazines
29.01.1845	"The Raven" published in New York
30.01.1847	Virginia dies of tuberculosis
07.10.1849	Poe dies

Flipchart

K 4

The short story

"a specific impression of the world we live in":

"a single narrative event":

"the greatest economy of means":

- a decisive incident
- a "snapshot of life"
- single plot
- short
- little action
- small number of characters
- no character development
- no introduction
- open ending
- can be read at one sitting

Moderationswand

K 5

closed eye:
waiting

open eye:
acting

mad? (!)

furious

loud heartbeat:
revealing

muffled heartbeat:
concealing

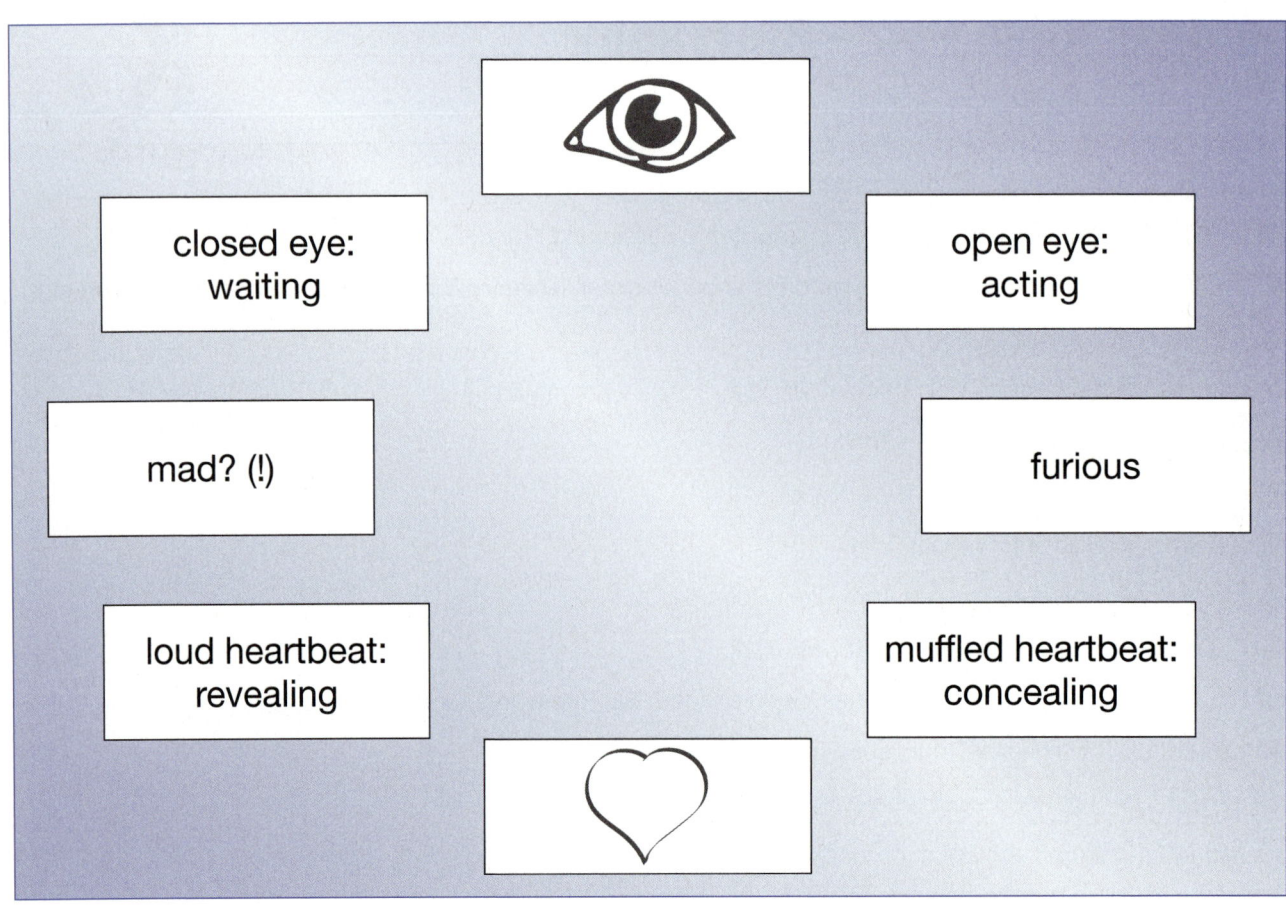

Edgar Allan Poe: "The Tell-Tale Heart"

1) Biography

19.01.1809	Poe born in Boston/Massachusetts
Dec. 1811	Poe's parents die; Poe adopted by John and Frances Allan
14.02.1826	Poe enters University of Virginia
1827	Poe's first book is published
1831	Poe's "Poems" is published
16.05.1836	Poe marries
29.01.1845	"The Raven" is published
30.01.1847	Poe's wife dies
07.10.1849	Poe dies

2) The short story

Poe's definition	The short story	"The Tell-Tale Heart"
a specific impression of the world we live in	• a decisive incident • a "snapshot of life"	• the murder • only one event in the narrator's life
a single narrative event	single plot	the story of the murder
the greatest economy of means	• short • little action • small number of characters • no character development • no introduction • open ending	• 4–5 pages • the murder and the disposal of the body • the narrator, the old man, the three policemen • the narrator's mental state doesn't change • we don't learn anything about the narrator's past • we don't learn anything about the narrator after his arrest

3) "The Tell-Tale Heart"

mad?
At the beginning of the story the narrator asks his readers why they think he is mad. He then tries to prove that he is not by telling the story of a most absurd and cruel murder, the details of which, actually show his madness rather than his sanity.

the eye
The narrator feels threatened by an old man's eye, which he compares to the eye of a vulture and which he calls an "Evil Eye". The only way of saving his life is to kill the old man.

closed eye: waiting
He watches the old man at night but cannot commit the murder as the "Evil Eye" is closed.

open eye: acting
When, on the eighth night, he sees the old man's eye open, he feels he has sufficient reason to kill him.

furious
The old man's eye makes the narrator more and more furious. He stifles him and dismembers the dead body.

© Schöningh Verlag, Best.-Nr. 041260-6

21

the heart
Shortly before the murder, the narrator begins to hear the old man's heartbeat, which becomes an additional reason to kill the old man.

muffled heartbeat: concealing
He hides the dismembered body under the floorboards, the heartbeat seems to cease.

loud heartbeat: revealing
The tell-tale heart beats on. In the end, the narrator betrays himself to the police because he can't stand the loud beating of the heart any longer.

mad!
Thus the narrator has proved that he is indeed mad.

4) Bibliography
- E.A. Poe: "The Tell-Tale Heart", in: E.A. Poe: Selected Tales. London: Penguin 1994, pp. 267–270
- www.eapoe.org/geninfo/poechron.htm

Creative writing

Beim *creative writing* geht es nicht darum, eine literaturwissenschaftlich korrekte Interpretation zu erarbeiten, sondern sich in die Handlung der Textgrundlage hineinzudenken und aus dieser Perspektive heraus einen Lösungsvorschlag zu erarbeiten. Im Idealfall sollten bei der Bearbeitung kreativer Aufgaben nicht nur charakterliche Eigenarten der handelnden Personen, sondern auch stilistische Besonderheiten der Erzählung beachtet werden.

Ausführung im Unterricht

Kurzgeschichten eignen sich aufgrund ihrer formalen Besonderheiten (medias-in-res-Anfang, offenes Ende, überraschende Wende) besonders gut zur Erteilung von kreativen Aufgaben. Klassische Beispiele hierfür sind das Erarbeiten einer Vorgeschichte, die Fortführung der Handlung, das Beleuchten einer bestimmten Situation aus der Perspektive eines Charakters, Tagebucheinträge, Briefe. Um eine erfolgreiche Arbeit sicherzustellen und die Schülerinnen und Schüler für weitere Themenstellungen dieser Art zu motivieren, sollten Sie unbedingt darauf achten, dass sich die Aufgaben sinnvoll aus der vorangegangenen Interpretationsarbeit ergeben.

Zeitbedarf Ist die Textvorlage gründlich aufgearbeitet, was in einer Unterrichtsstunde zu bewältigen ist, kann die kreative Schreibaufgabe als Hausaufgabe erledigt werden.

Ausführung am Beispiel von „The Box-Social" von James Reaney

Inhalt und Interpretationsschwerpunkte
Ein „Box-Social" ist eine gesellschaftliche Veranstaltung, in deren Rahmen mit Picknickutensilien gefüllte Schachteln versteigert werden. Sylvia, die Hauptfigur der Geschichte, begegnet uns, als sie einen solchen Karton dekoriert. Dieser an sich harmlose Gegenstand gewinnt eine unerwartet makabre Bedeutung, als am Ende deutlich wird, dass Sylvia wohl ein Verhältnis mit einem Nachbarn hatte, schwanger wurde und ein totes Kind zur Welt brachte. Wenn eben dieser Nachbar den von ihm ersteigerten Picknickkarton öffnet, findet er darin den Leichnam seines und Sylvias Kindes.

Obwohl die Geschichte erst in den letzten Sätzen die Wahrheit über Sylvias Schwangerschaft und ihr tot geborenes Kind enthüllt, finden sich über den ganzen Text verteilt wichtige Vorausdeutungen, die jedoch erst bei Kenntnis des Ausgangs der Erzählung als solche erkennbar werden. Sylvia wird als jemand charakterisiert, der sich mit dem Herstellen hübscher, nutzloser Dinge beschäftigt, während ihr ehemaliger Freund, der in der Landwirtschaft tätig ist, Felder pflügt.

Eine Darstellung der Zeitumstände (die Geschichte stammt aus dem Jahre 1947 und spielt im ländlichen Raum) und eine Sensibilisierung für das Thema „ungewollte Schwangerschaft", durchaus auch auf heutige Verhältnisse bezogen, erscheint für das Verständnis der Handlung als sinnvoll. (Den Text finden Sie auf KV 7, S. 26.)

Unterrichtsverlauf
Der kreativen Schreibaufgabe geht eine klassische Interpretation voraus. Dabei soll besonderer Wert auf die Vorausdeutungen auf Sylvias Schwangerschaft sowie auf die Charakterisierung Sylvias und ihres ehemaligen Geliebten gelegt werden. Die Schülerinnen und Schüler

sollen nach der Lektüre des Textes und der Erklärung unbekannter Vokabeln (dies kann auch in die Hausaufgabe vor der Interpretationsstunde gelegt werden) Hinweise auf Sylvias Schwangerschaft sammeln und interpretieren. Die Ergebnisse werden an der Tafel oder auf Overheadfolie festgehalten.

L: Collect hints at Sylvia's pregnancy and interpret them.

Lösungs-vorschlag

Quotations from the text	Interpretation
She had been quite ill ... (l. 7)	she was pregnant but told the others she was ill
She was a bit pale and looked much thinner ... (ll. 9f.)	she is still exhausted from giving birth, she has become thinner
... the little things were breathing as hard as if they were swimming across the North Sea ... (ll. 34f.)	her child didn't breathe at all
Twelve black strokes: twelve black hair ribbons. (ll. 40f.)	ghosts come alive at twelve o'clock; black is the colour of death, girls wore black ribbons in their hair for funerals
The nightshade berries grew here with their wicked fruit. (ll. 43f.)	her illegally born child was the wicked fruit of her relationship
Cars have such beautiful behinds with ruby-red roses ... (ll. 55f.)	ruby-red roses are symbols for love and passion
She held the precious box in her arms. (ll. 58f.)	the box holds the dead body of her child
... in her rich red dress holding the gay box in her lap. (ll. 64f.)	red is the colour of love and passion; 'gay' means 'happy', the box does not contain anything happy
... they used the school as a Sunday school ... (l. 73)	Sylvia has not obeyed the teachings of Sunday school
... and began untying the black ribbon. (ll. 95f.)	s.a.
... the little shoe-box glistening with scarlet wallpaper and gilt like a fairy coffin. (ll. 101f.)	fairies are small, wonderful creatures, Sylvias baby is like a fairy

L: Collect passages that tell you something about Sylvia and her former lover.

Lösungs-vorschlag

Sylvia:
- she paints (l. 2)
- she does useless little things (l. 18)
- she helps her aunt with the housework (l. 19)
- she is soft (l. 105)
- she hates him (l. 48)

Sylvia's former lover:
- he works on his fields (l. 46)
- he is not very passionate (l. 95)

Aufgrund dieser Vorarbeiten sollen die Schülerinnen und Schüler als *post reading activity* die Vorgeschichte der in der Kurzgeschichte geschilderten Ereignisse erzählen.

Write the story of Sylvia's unhappy relationship.

Sylvia and Fred were neighbours. Their fathers' farms were not far from each other and Sylvia could see Fred from the window of her room when he was ploughing the field next to her house. At school they were in the same class so Fred would wait for her by the elderberry bushes every morning and they would walk to the village together.

Fred had always been a very straightforward person, who neither shared nor understood Sylvia's sense of beauty, her liking for pretty things and her romantic dreams, but he admired all this and thought Sylvia quite an exceptional young girl. Sylvia, on the other hand, liked Fred's strength and determination. He took pride in being part of a family whose members had been working on the same fields for generations.

And so despite these many differences, or perhaps because of them, Sylvia and Fred fell in love, gradually, not knowing for certain for a long time until one day, in their early twenties, they walked back from the village as they had done so often before and Fred took Sylvia in his arms and kissed her.

About two weeks later, she saw him go out with another girl, a tall and strong girl, quite different from herself, who fitted Fred's character much better and who would one day be a good wife for him.

In the following weeks and months, Sylvia concealed her pregnancy successfully. Neither her aunt nor her father found out. And, of course, Fred didn't know. She took to wearing loose aprons, pretending she did so because she didn't want to stain her dresses with the various shades of paint she worked with. She fell ill for no obvious reasons but recovered rather quickly and just in time for the box social that she wanted to attend so very much.

Write the dialogue between Sylvia and her former lover after he has opened the box.

oder:

Sylvia plans to attend the box-social. Write a diary entry.

"Do you know where I put my gold paint, Auntie?"
She painted some. Swans under bridges with water lilies.
Old ladies at windows reading lugubrious[2] Bibles. To-
night she was decorating a shoe-box for the box-social
5 they were having at the school the next night. No one expected her to come.
She had been quite ill for the last three weeks and
hadn't appeared at the last Institute meeting; now,
however, she felt well enough. She was a bit pale and
10 looked much thinner, but she simply had to go. All that
evening she sat in the kitchen cutting up old scraps[3] of
wallpaper[4] and pasting[5] them on the shoe-box, in various
patterns[6] with flour paste. Her box of lunch would be the
prettiest there and the men would bid[7] so high for it. …
15 All she needed now was some gold paint, but of course
Aunt had gone to bed hours ago. If Sylvia had any profession[8] at all, it was doing pretty little things like this.
Little useless things, for her real vocation[9] had apparently
been to stay home and help her aunt with the housework.
20 What she needed now was something to line[10] the box
with. It would look so much more beautiful with the sand-
wiches and the little bottle of olives set against some deep
rich colour. Shoe-boxes were so wonderfully white.
The rain was falling in soft applause outside.
25 Her fingers were white from the paste she had been using.
The candle in her hand sprouted[11] a yellow willow[12] leaf.
She was in the outhouse[13] searching in the tiny[14] attic[15]
for a roll of gorgeous[16] parlour[17] wallpaper she remem-
bered her aunt having left there. Her father always for-
30 got to put down the lids[18]; the two holes[19] stared at her
like a man with a large eye and a small one. Finding what
she wanted, she stepped out and stood still for a moment.
The rain slopped[20] the candle out. There was the wind in
the elderberry[21] bushes; the little things were breathing

as hard as if they were swimming across the North Sea, 35
and another sound – that of Saint James' bells all the way
from town. Some notes were lost but she gathered[22] it
must be twelve. No clock should have any less to say than
twelve, unless it were one at such an hour, so silent and
so black. Twelve black strokes: twelve black hair- 40
ribbons[23].
She walked along the fence beneath the fir trees[24] a bit.
The nightshade[25] berries grew here with their wicked[26]
fruit. The very next field was lined with furrows[27] as if
it had been a large frown or a copy-book. It was not her 45
father's field. Someone else had plowed[28] it. Furrow after furrow after furrow his house lay away where he now
lay sleeping and she hated him. Then, her own house – a
faint pale light from the two kitchen windows. There the
decorated shoe-box lay almost ready for the box-social. 50
Every room of the house, both in their ancient, and mo-
dern styles met in parliament[29] on its flat thin sides. Already the event, the box-social gleamed in the distance
like a lantern at the end of a dark stable.
There were half a dozen cars parked at the school. Cars 55
have such beautiful behinds with ruby[30]-red roses that
wink[31] at you. Sylvia walked across the fields; neither her
aunt nor her father wished to go. She held the precious[32]
box in her arms. It was wrapped[33] in brown paper to pro-
tect it from the rain.
60

Why you're better.
Yes, I am.

There were thirty people there; no one was as pale as she
was. She looked like the queen on a playing card – in her
rich red dress holding the gay[34] box in her lap[35]. All the 65
children's desks were cowering in one corner, for there
was to be dancing. Already, somebody was sprinkling

---

[1] **box-social** informal meeting, esp of members of a group where boxes containing lunches or dinners are auctioned – [2] **lu-gubrious** [luˈguːbrɪəs] very sad, sorrowful – [3] **scrap** small piece of sth larger – [4] **wallpaper** ornamental paper for covering the walls of rooms – [5] **to paste** to attach by using paste (*Kleister; Klebstoff*) – [6] **pattern** *Muster* – [7] **to bid** to offer to buy sth at an auction – [8] **profession** job that requires a special qualification – [9] **vocation** job that requires a special fitness or ability to serve other people – [10] **to line** to cover the inside of eg clothes with a special material – [11] **to sprout** to develop, to pro-duce – [12] **willow** type of tree which grows near water, symbol of unhappiness – [13] **outhouse** (US) outside toilet – [14] **tiny** very small – [15] **attic** part of a building just below the roof – [16] **gorgeous** [ˈgɔːdʒəs] very beautiful – [17] **parlour** old-fashioned: living room – [18] **lid** cover – [19] **the two holes** the holes in the wooden seat of an old-fashioned toilet – [20] **to slop** to spill a liquid over an edge – [21] **elderberry** [ˈɛldəˌbɛrɪ] *Holunder(beere)* – [22] **to gather** to conclude, to assume – [23] **ribbon** strip of fine material used to tie things together – [24] **fir (tree)** *Tanne* – [25] **nightshade** family of wild plants with poisonous berries – [26] **wicked** morally bad – [27] **furrow** [ˈfʌrəʊ] long narrow cut in farming land – [28] **to plow (BE to plough)** [plaʊ] *pflügen* – [29] **to meet in parliament** to come together as in a parliament – [30] **ruby** [ˈruːbɪ] deep red precious stone, jewel – [31] **to wink** to close and open one eye quickly – [32] **precious** very valuable – [33] **to wrap** to fold paper, etc around sth – [34] **gay** bright, cheerful – [35] **lap** [læp] *Schoß*

boracic[36] acid on the floor. Not that it really makes the floor slippery, but everyone is so sure that it does and it
70 feels that much more exciting.

The fiddler played six tunes (he only knew five). Mrs. Twite wasn't dancing at all, not even with her husband, because they used the school as a Sunday school on Sundays and it would be like dancing in a church. Then, out
75 stole a little green table, and then another green table and another and another; everyone was playing euchre[37] until they should dance again.

I pass, paleface[38]; joker.

They wouldn't be dancing now until after the lunch. Mr.
80 Deloney (one of the three farmers in the neighbourhood who owned a silo) was arranging the boxes on the teacher's desk. Sylvia was very careful with her hands lest she eat them[39]. And the teacher had pinned up the Winter ornamental border above the west blackboard with all the
85 gay coaches galloping from the north of the room to the south. …

This lovely box wrapped in green. What young gentleman wants to eat with a pretty young lady who has wrapt her box in green?

All the men crowded up. 90

Hers was almost the last and he was bidding for it. Five dollars; it had looked so nice. He came straight to her.

"I knew it was yours – recognized the wallpaper. Very pretty. You aren't mad at[40] me anymore?"

He sat down quite comfortably and began untying the 95 black ribbon. The school clock that they had both looked at together to see if it were recess[41] time ticked loudly above them. He lifted the lid and sat staring at what lay inside. His great hands unusually white on the top of the green baize card table. 100

And between them, the little shoe-box glistening[42] with scarlet[43] wallpaper and gilt[44] like a fairy[45] coffin[46]. Inside it, there was the crabbed corpse[47] of a still-born[48] child wreathed[49] in bloody newspaper.

"I hated you so much," she said softly. 105

from *The Undergrad*.
Reprinted with thanks by permission
of the author James Reaney and
his agent Sybil Hutchinson, Toronto.
© 1947 by James Reaney

---

[36] **boracic** [bəˈræsɪk] of or containing borax, a white saltlike powder used for cleaning – [37] **euchre** [ˈjuːkə] American card game, sometimes an additional card called "the joker" is used – [38] **paleface** derog or humorous, name for a white person – [39] **lest she eat them** here: so that she would not bite her fingernails – [40] **to be mad at** to be very angry with – [41] **recess** [ˈriːses] (US) break – [42] **to glisten** [ˈɡlɪsᵊn] to shine brightly – [43] **scarlet** bright red colour – [44] **gilt** shiny material, esp gold, used as thin covering – [45] **fairy** *Fee* – [46] **coffin** box in which a dead person is buried – [47] **corpse** [kɔːps] dead body – [48] **still-born** born dead – [49] **to wreathe** [riːð] to encircle and cover completely as by a wreath (*Kranz*)

Adoption or shadowing

Die *adoption* oder das *shadowing* sind Methoden, die aus dem szenischen Interpretieren stammen und hier als „Rollenpatenschaft" oder „Patenschaft" bekannt sind. Die Schülerinnen und Schüler erhalten zu Beginn einer Ganzschrift (Drama, Roman oder längere Erzählung) den Auftrag, sich eine der Hauptpersonen als „Patenkind" herauszusuchen. Sie sollen sich nun besonders dieser Person annehmen und sich in sie hineinversetzen (*adoption*) oder sie „detektivisch" beobachten (*shadowing*). Bei der *adoption* soll die Identifikation mit der fiktiven Person möglichst intensiv erfolgen, sodass die Schülerinnen und Schüler aus deren Perspektive urteilen und mit der Rolle der Person mitleben, sodass sie sich in der „Ich-Form" äußern, wenn die Person z.B. wegen ihrer Handlungen von den anderen zur Rede gestellt wird (z.B. in einer erfundenen Gerichtsszene, o.Ä.). Beim *shadowing* wird der Rollencharakter eher von außen kommentiert.

Ausführung im Unterricht

Nachfolgend wird die *adoption* näher ausgeführt. Für das *shadowing* gelten die gleichen Prinzipien.

Wenn ein Text mit der Patenschaftsmethode behandelt werden soll, ist es wichtig, dass während der gesamten Unterrichtseinheit immer wieder Spezialaufträge erteilt werden, die die Schülerinnen und Schüler dazu veranlassen, die Patenschaft zu aktivieren. Die hierbei entstehenden kreativen Schriftstücke sollten in einem individuell gestalteten Heft, Ordner oder einer Kladde festgehalten werden, sodass eine Art Lesetagebuch entsteht.

Damit dies möglich wird, ist es notwendig, dass Sie den Text bei der Vorbereitung der Einheit auf mögliche Passagen sichten, die dafür geeignet sind, kommunikative Intermezzi einzubauen, wie z.B. erfundene Treffen zwischen den Protagonisten, Konspirationen der Antagonisten, Vernehmungen durch die Polizei, eine Gerichtsverhandlung usw. Bei Vorauslektüre der Schülerinnen und Schüler können diese befragt werden, an welchen Stellen ihre Figur ganz besonders in den Vordergrund getreten ist. Diese Textstellen können dann gezielt handlungsorientiert oder kreativ ausgestaltet werden.

Bei fortschreitender Lektüre ergeben sich mehrere Phasen von *while reading activities*, die die Motivation zum Weiterlesen erheblich steigern und die Aufmerksamkeit auf die textimmanente Interpretation zur Ausgestaltung der angenommenen Rolle fördern.

Zeitbedarf ■ erstreckt sich über die gesamte Zeit einer Lektüreeinheit

Material ■
- Schülerinnen und Schüler benötigen ein Heft, einen Ordner oder eine Kladde
- ggf. ein Plakat für die Langzeitaufgaben

Mögliche Schwierigkeiten Bei großen Klassen müssen die Personen einer Handlung mehrfach besetzt werden. Die Patenschaft läuft neben der herkömmlichen Wortschatz- und Texterarbeitung. Daher muss die Planung von vornherein beides berücksichtigen. Dazu sollen die Schülerinnen und Schüler wie üblich ihr Vokabular in ein gesondertes Heft und Unterrichtsergebnisse, Tafelbilder etc., die der Interpretation dienen, in ihr Schulheft eintragen. Das Patenschafts- oder Tagebuch der literarischen Figur sollte davon frei bleiben.

Ausführung am Beispiel von „Cry the Beloved Country" von Alan Paton

Cry the Beloved Country (Vintage: London, 2002) ist ein klassischer Roman über die Rassenkonflikte in Südafrika. Das Werk hat seit seiner Entstehung 1948 nicht an Aktualität verloren und hat wie kein anderes weltweit auf die Probleme der Apartheid aufmerksam gemacht. Die poetische, aber beeindruckend einfache Sprache und der eigentümlich folkloristische Stil machen die Lektüre für Schülerinnen und Schüler der Oberstufe zu einem Erlebnis. Die Handlung bietet neben der politischen Thematik auch Spannung, da ein Mord geschieht, sowie viele Anlässe, über das familiäre Zusammenleben und die Bedeutung von Religion und Glauben in der modernen (Stadt-)Gesellschaft nachzudenken.

Die Geschichte spielt in der Stadt Johannisburg. Stephen Kumalo, ein Dorfpfarrer, reist dorthin, um seinen entlaufenen Sohn zu suchen. Seine Suche führt ihn durch ein Labyrinth von Mord, Prostitution und Rassenhass. Er begegnet nach langer Zeit seinem Bruder, der ein berechnender Geschäftsmann geworden ist und seiner Schwester, die als Prostituierte ihren Lebensunterhalt verdient. Seinen Sohn, Absalom, findet Kumalo mithilfe des Reverends Msimangu. Absalom hat mit Freunden den weißen Anwalt Jarvis bei einem Einbruch getötet und so trifft Kumalo ihn kurz vor seiner Hinrichtung. Es gelingt den beiden, sich zu versöhnen.

Neben Kumalo, Msimangu und Absalom können auch kleinere Rollen gut besetzt werden. So zum Beispiel Gertrude, Kumalos Schwester, die das Dorf verlassen hatte, um in der Stadt ihr Glück zu machen. Sie lebt dort aber als Schwarzbrennerin und Prostituierte. Sie hat ein uneheliches Kind und schämt sich, als Kumalo sie besucht. Reuig beteuert sie ihm, wieder mit nach Hause zu kommen. Am Ende flüchtet sie aber wieder zurück in die Stadt.

Erteilen Sie den Schülerinnen und Schülern bei der Vorstellung der Aktivität folgende generelle Aufgaben, die eigenverantwortlich zu leisten sind:

1. Find a picture, a photograph or the like that you think could represent your person. You can use magazines, newspapers, advertisements, etc.

2. When you have found a picture of your person, write his or her biography. To do this mark and collect all passages in the novel. Take notes and rearrange your text, whenever you get new information by reading on.

3. There are several occasions when your person might need to speak his or her mind to some of the other persons, or where a phone call would be a good idea. Your person could also feel the urge to write a letter to someone. Whenever you come across such a passage, invent such a text. You are expected to have at least one letter written!

4. Your person keeps a diary. So after each chapter, or even right after an interesting event, take notes. You should show in this way that you have covered the main facts of the novel.

5. Illustrate your person's diary, any decoration is fine.

6. Always be prepared to be your person's mouthpiece. When your person is asked to take part in a discussion or is in trouble and has to defend himself or herself, speak up for him or her and have good arguments ready to deliver. When doing so, make sure that you follow your person's actions and reflect on the reasons for him or her to behave in the given way.

Zeigen Sie diese Hinweise über den Projektor, während Sie sie der Klasse vorlesen. Anschließend geben Sie sie am besten als Handzettel an alle aus. Eine andere Möglichkeit wäre es, die Hinweise sehr groß auf ein Plakat zu schreiben, eventuell von den Schülerinnen und Schülern selbst noch einmal auf das Wesentliche stichwortartig reduziert und gut sichtbar im Zimmer für die Zeit der Beschäftigung mit der Lektüre auszuhängen.

Die Patenschaft kann sehr frei und offen gehandhabt werden, wobei Sie die Schülerinnen und Schüler völlig eigenständig ihre „diaries" füllen lassen. An Stellen, die Sie für eine handlungsorientierte Aktivität geeignet halten, aktivieren Sie die Schülerinnen und Schüler in ihren Rollen. So kann eine Begegnung zwischen dem Pfarrer Kumalo, dessen Bruder und deren Schwester Gertrude, die im Roman nicht stattfindet, erfunden werden, bei der die Schülerinnen und Schüler in den Rollen miteinander reden, aber auch von den anderen Schülerinnen und Schülern, die als Zuschauer das Gespräch beobachten, befragt werden, z.B. warum sich die drei nie wieder trafen, nie schrieben, nie anriefen. Dies könnte auch in Form einer fishbowl (s. S. 69) geschehen. Um die Rollenadoption effektiv zu nutzen, sollten mehrere handlungsorientierte Phasen das produktorientierte Führen des Tagebuches interessanter machen, da auch diese dort ihren Niederschlag finden, wenn z.B. als Hausarbeit die Aufarbeitung der Szene, der Diskussion in Form eines Eintrages im Tagebuch erteilt wird.

Die Tagebücher werden am Ende der Einheit benotet. Die Fehlertoleranz sollte wie bei allen größeren kreativen Arbeiten angemessen groß sein. Inhalt und Umfang sollten für eine gute Zensur ausschlaggebend sein, da es um eine produktorientierte Aktivität geht. Die Dekoration sollte nicht im Vordergrund stehen, sondern nach der Zweckdienlichkeit bewertet werden. Handelt es sich nur um dekorativen Zierrat oder haben die Bilder, Skizzen, Karten einen inhaltlichen Bezug, verdeutlichen sie die Gedanken?

Authentisches, unkorrigiertes Schülerinnenbeispiel:

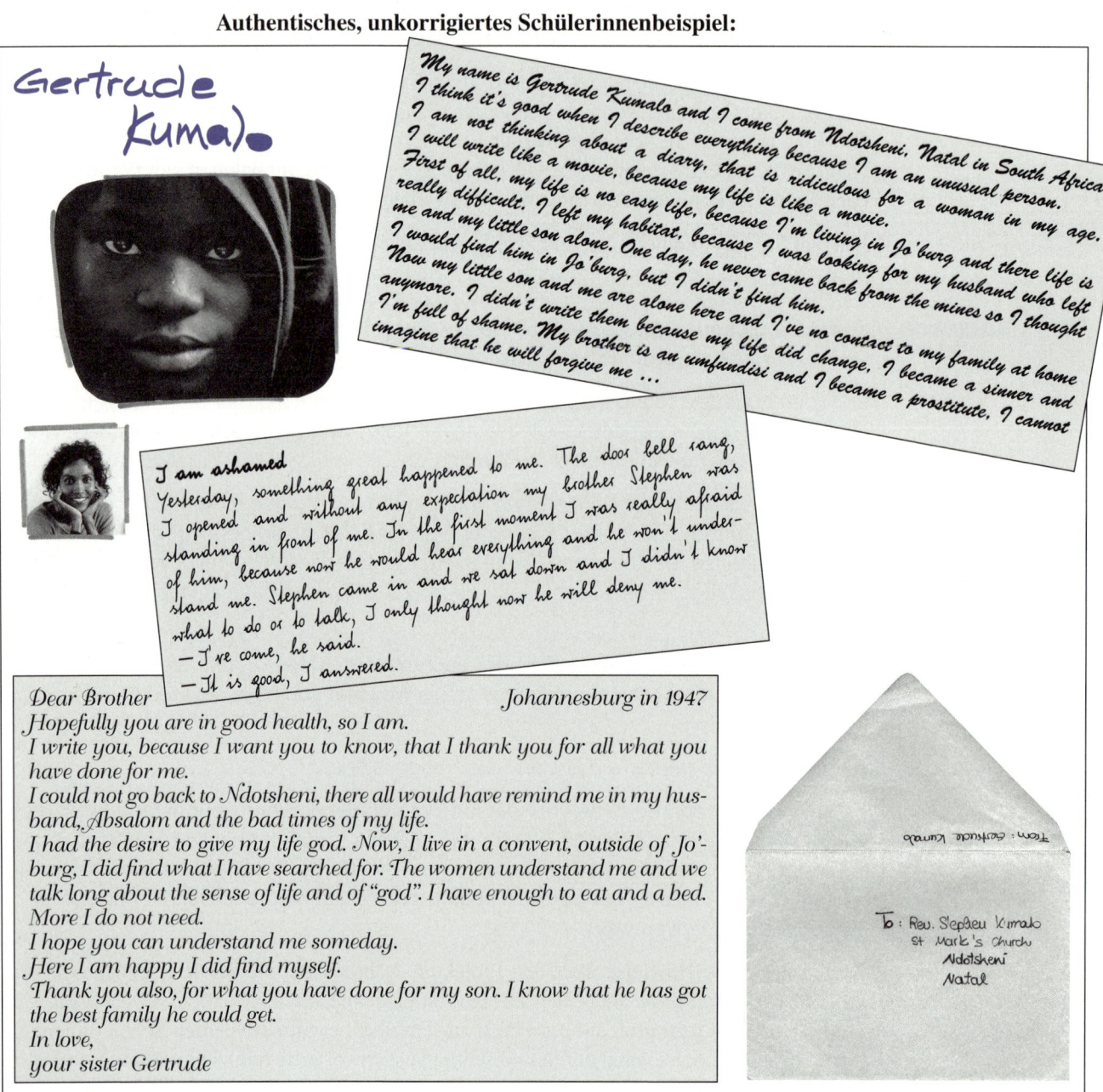

Gertrude Kumalo

My name is Gertrude Kumalo and I come from Ndotsheni, Natal in South Africa. I think it's good when I describe everything because I am an unusual person. I am not thinking about a diary, that is ridiculous for a woman in my age. I will write like a movie, because my life is like a movie. First of all, my life is no easy life, because I'm living in Jo'burg and there life is really difficult. I left my habitat, because I was looking for my husband who left me and my little son alone. One day, he never came back from the mines so I thought I would find him in Jo'burg, but I didn't find him. Now my little son and me are alone here and I've no contact to my family at home anymore. I didn't write them because my life did change, I became a sinner and I'm full of shame. My brother is an umfundisi and I became a prostitute. I cannot imagine that he will forgive me ...

I am ashamed
Yesterday, something great happened to me. The door bell rang, I opened and without any expectation my brother Stephen was standing in front of me. In the first moment I was really afraid of him, because now he would hear everything and he won't understand me. Stephen came in and we sat down and I didn't know what to do or to talk, I only thought now he will deny me.
– I've come, he said.
– It is good, I answered.

Dear Brother   Johannesburg in 1947
Hopefully you are in good health, so I am.
I write you, because I want you to know, that I thank you for all what you have done for me.
I could not go back to Ndotsheni, there all would have remind me in my husband, Absalom and the bad times of my life.
I had the desire to give my life god. Now, I live in a convent, outside of Jo'burg, I did find what I have searched for. The women understand me and we talk long about the sense of life and of "god". I have enough to eat and a bed. More I do not need.
I hope you can understand me someday.
Here I am happy I did find myself.
Thank you also, for what you have done for my son. I know that he has got the best family he could get.
In love,
your sister Gertrude

From: Gertrude Kumalo

To: Rev. Stephen Kumalo
St Mark's Church
Ndotsheni
Natal

Reading log

Ein *reading log* ist ein Lesetagebuch, das dazu dient, Fragen, Beobachtungen und Eindrücke der ungesteuerten Erstlektüre festzuhalten. Die Ergebnisse können sowohl im Rahmen einer eigenständigen Interpretation als auch bei der gemeinschaftlichen Analyse im Klassenverband zur intensiveren Auseinandersetzung mit der Lektüre genutzt werden.

Das Führen eines *reading log* wird als *while reading activity* zur Vorbereitung der Interpretation eingesetzt.

Ausführung durch die Schüler

Ermuntern Sie Ihre Schülerinnen und Schüler dazu, besondere Eindrücke, Beobachtungen oder Fragen, die bei der Lektüre einer Kurzgeschichte oder eines Romans auftauchen, in ein *reading log* einzutragen. Diese Notizen müssen nicht zwingend in ganzen Sätzen formuliert werden, allerdings sollten Sie Ihre Schüler darauf hinweisen, dass sie die Einträge so gestalten müssen, dass sie auch nach der Lektüre des gesamten Textes, d.h. also in einem größeren zeitlichen Abstand noch verständlich sind.

Empfehlen Sie Ihren Schülerinnen und Schülern zur Binnendifferenzierung der Einträge (z.B. Gefühle, Beschreibungen, Verhaltensweisen, Aussagen einzelner Personen der Handlung, Erzählerkommentar) verschiedene Farben oder Symbole zu benutzen, sodass ein einfacher Zugriff auf bestimmte Themenbereiche möglich ist.

Die Einträge sollten in regelmäßigen, nicht zu langen Abständen vorgenommen werden. Während der Lektüre sollten die entsprechenden Passagen im Text bereits markiert und gegebenenfalls annotiert werden, sodass für das Erstellen des *reading log* nicht noch einmal der gesamte Text gelesen werden muss.

Die praktische Ausführung ist denkbar einfach und erfordert, nach genauer Anleitung, wenig Übung. In die linke Spalte werden die Kernaussagen einer unterstrichenen Passage (nicht die gesamte Passage, da sonst das Auffinden betreffender Stichpunkte zu viel Zeit erfordert) eingetragen und mit genauer Stellenangabe versehen. In die mittlere Spalte tragen die Schülerinnen und Schüler ihre persönlichen Eindrücke oder Fragen ein, die sich aus der Lektüre ergeben. Die rechte Spalte dient dazu, gegebenenfalls bereits in dieser Phase Lösungsmöglichkeiten anzudeuten bzw. entsprechende Hilfsmittel (Nachschlagewerke, Lexika, Internetadressen) zu verzeichnen und muss daher nicht zwingend ausgefüllt werden, wobei ein Eintrag die anschließende Interpretationsarbeit natürlich erleichtert.

Zeitbedarf Das Erstellen des *reading log* erstreckt sich über die gesamte Lektüre eines Textes.

Material Für das *reading log* sollte ein gesondertes Heft oder ein Ordner angelegt werden, dessen Seiten in zwei große und eine Randspalte unterteilt werden.
In die linke Spalte werden wichtige inhaltliche Aspekte zur späteren Diskussion oder Analyse eingetragen, in der rechten Spalte werden persönliche Eindrücke und Reaktionen festgehalten. Die Randspalte enthält zusätzliche Hinweise zur Bearbeitung, z.B. Verweise auf Nachschlagewerke oder Internetseiten.

Ausführung am Beispiel von „Lord of the Flies" von William Golding

Inhalt und Interpretationsschwerpunkte

Das Flugzeug einer Gruppe britischer Schüler wird beschossen. Ein Teil der Schüler, Jungen im Alter von ca. sechs bis zwölf Jahren, überlebt den Flugzeugabsturz auf einer unbewohnten tropischen Insel. Bei dem Versuch, die Gruppe zu organisieren und das Überleben auf der Insel bis zum Eintreffen einer Suchmannschaft sicherzustellen, brechen grundlegende menschliche Konflikte auf. Die Regeln der Zivilisation verlieren ihre Gültigkeit und machen dem Recht des Stärkeren Platz, das mit ungeahnter Gewalt und Brutalität durchgesetzt wird. Zwei der Jungen kommen gewaltsam um, bevor eine Suchmannschaft auf der Insel eintrifft.

Die Charakterisierung der wichtigsten Personen (Ralph, Jack, Piggy, Simon) sollte einen zentralen Platz einnehmen, wobei besonderes Augenmerk auf die zwei Anführer Ralph und Jack zu richten ist. Ihnen werden die übrigen Charaktere zugeordnet.

Ein weiteres für das Verständnis des Romans wichtiges Thema ist die Frage, inwieweit das, was wir Zivilisation und Kultur nennen, tatsächlich so von uns verinnerlicht ist, dass wir es als Teil unserer Persönlichkeit betrachten, und unter welchen Umständen der Mensch bereit ist, tradierte Werte zugunsten atavistischer Verhaltensweisen aufzugeben. (Einen Textauszug finden Sie auf KV 8, S. 33.)

Beispiel für ein *reading log*

Important facts	Personal impressions	Check
Though he had taken off his school sweater … (l. 3)	The boy is from a country where children wear school uniform.	School uniform is worn in: Great Britain, Australia, Japan and at public schools in many countries
"Wait a minute," the voice said, "I got caught up." (l. 13)	There must be someone else on the island. Who is he?	
"When w was coming down I looked through one of them windows." (ll. 57ff.)	Strange grammar! Colloquial English?	

Ist das *reading log* gründlich geführt, so stellt es für die sich anschließende Interpretationsphase ein wertvolles Hilfsmittel dar. Beispielsweise können die Schülerinnen und Schüler mithilfe des *reading log* in Partner- oder Gruppenarbeit bestimmte Themenbereiche vorbereiten oder offene Fragen im Austausch miteinander klären.
Wie bei allen Unterrichtsmethoden stellt sich auch hier die Frage nach der Bewertbarkeit. Dabei sollten Sie bedenken, dass Schüler natürlich durch eine in Aussicht gestellte „gute Note" für eine entsprechende Arbeit motiviert werden. Andererseits setzt eine traditionelle Benotung einer solchen Arbeit Schüler auch unter Druck und es besteht die Gefahr, dass das *reading log* um einer möglichen guten Note willen künstlich aufgebauscht wird. Sie sollten Ihren Schülerinnen und Schülern daher genau erläutern, welche Aspekte (z.B. Aufbau, Gründlichkeit, Einsatz im Unterricht) Sie in welcher Weise in die Benotung einfließen lassen werden.

Chapter One: The Sound of the Shell

<u>The boy with fair hair lowered himself down the last few feet of rock and began to pick his way towards the lagoon. Though he had taken off his school sweater and trailed it now from one hand, his grey shirt stuck to him and his hair</u>
5 <u>was plastered to his forehead. All round him the long scar smashed into the jungle was a bath of heat.</u> He was clambering heavily among the creepers and broken trunks when a bird, a vision of red and yellow, flashed upwards with a witch-like cry; and this cry was echoed by another.

10 "Hi!" it said, "wait a minute!"

<u>The undergrowth at the side of the scar was shaken and a multitude of raindrops fell pattering.</u>

<u>"Wait a minute," the voice said, "I got caught up."</u>

<u>The fair boy stopped and jerked his stockings with an auto-</u>
15 <u>matic gesture that made the jungle seem for a moment like the Home Counties.</u>

<u>The voice spoke again.</u>

"I can't hardly move with all these creeper things."

The owner of the voice came backing out of the under-
20 growth so that twigs scratched on a greasy wind-breaker. The naked crooks of his knees were plump, caught and scratched by thorns. He bent down, removed the thorns carefully, and turned round. He was shorter than the fair boy and very fat. He came forward, searching out safe lodge-
25 ments for his feet, and then looked up through thick spectacles.

"Where's the man with the megaphone?"

The fair boy shook his head.

"This is an island. At least I think it's an island. That's a reef
30 out in the sea. Perhaps there aren't any grown-ups anywhere."

The fat boy looked startled.

"There was that pilot. But he wasn't in the passenger tube, he was up in the cabin in front."

35 The fair boy was peering at the reef through screwed-up eyes.

"All them other kids," the fat boy went on. "Some of them must have got out. They must have, mustn't they?"

The fair boy began to pick his way as casually as possible
40 towards the water. He tried to be offhand and not too obviously uninterested, but the fat boy hurried after him.

"Aren't there any grown-ups at all?"

"I don't think so."

The fair boy said this solemnly; but then the delight of a re-
45 alized ambition overcame him. In the middle of the scar he stood on his head and grinned at the reversed fat boy.

"No grown-ups!"

The fat boy thought for a moment.

"That pilot."

The fair boy allowed his feet to come down and sat on the 50 steamy earth.

"He must have flown off after he dropped us. He couldn't land here. Not in a plane with wheels."

"We was attacked!"

"He'll be back all right." 55

The fat boy shook his head.

<u>"When we was coming down I looked through one of them windows. I saw the other part of the plane. There were flames coming out of it."</u>

He looked up and down the scar. 60

"And this is what the tube done."

The fair boy reached out and touched the jagged end of a trunk. For a moment he looked interested.

"What happened to it?" he asked. "Where's it got to now?"

"That storm dragged it out to sea. It wasn't half dangerous 65 with all them tree trunks falling. There must have been some kids still in it."

He hesitated for a moment then spoke again.

"What's your name?"

"Ralph." 70

The fat boy waited to be asked his name in turn but this proffer of acquaintance was not made; the fair boy called Ralph smiled vaguely, stood up, and began to make his way once more towards the lagoon. The fat boy hung steadily at his shoulder. 75

"I expect there's a lot more of us scattered about. You haven't seen any others have you?"

Ralph shook his head and increased his speed. Then he tripped over a branch and came down with a crash.

The fat boy stood by him, breathing hard. 80

"My auntie told me not to run," he explained, "on account of my asthma."

"Ass-mar?"

"That's right. Can't catch me breath. I was the only boy in our school what had asthma," said the fat boy with a touch 85 of pride. "And I've been wearing specs since I was three."

He took off his glasses and held them out to Ralph, blinking and smiling, and then started to wipe them against his grubby wind-breaker. An expression of pain and inward concentration altered the pale contours of his face. He smeared 90 the sweat from his cheeks and quickly adjusted the spectacles on his nose.

"Them fruit."

He glanced round the scar.

"Them fruit," he said, "I expect –" 95

He put on his glasses, waded away from Ralph, and crouched down among the tangled foliage.

Dialogue

Das Erarbeiten eines Dialogs ist eine spezielle Art des *creative writing* (s. S. 23), bei der es besonders darum geht, sich in bestimmte Personen der Handlung hineinzuversetzen. Im Gespräch wird eine Situation aus der Sicht zweier Charaktere neu bewertet, aufgearbeitet oder einer Lösung zugeführt. Besondere Bedeutung kommt hierbei dem Erarbeiten kommunikativer Strukturen zu.

Ausführung im Unterricht

Der Dialog kann auch dazu genutzt werden, die Interpretation durch darstellendes Spiel zu intensivieren. Er kann als *while reading* oder als *post reading activity* eingesetzt werden.

Um dieser Art von Aufgabenstellung gerecht zu werden, ist es notwendig, sich ein genaues Bild der am Dialog beteiligten Charaktere zu verschaffen, da sämtliche Informationen über den Dialog transportiert werden müssen, erläuternde Prosapassagen entfallen. Aus diesem Grund müssen im Vorfeld Informationen über die Dialogpartner aus dem Text gesammelt und gegebenenfalls im Sinne der Gesamtdeutung ergänzt werden. Dabei kann auch selektives Lesen und das Bearbeiten von Texten eingeübt werden.

Zeitbedarf ■ Nach Erledigung der interpretatorischen Vorarbeiten ist für das Erarbeiten eines Dialogs eine Doppelstunde zu veranschlagen. Für das Vortragen bzw. Vorspielen einzelner Schülerarbeiten sollte eine weitere Stunde eingeplant werden.

Material ■ Wird der Dialog gespielt, sind u.U. einfache Requisiten nötig.

Ausführung am Beispiel von „Patricia" von Fraser Sutherland

Inhalt und Interpretationsschwerpunkte

„Patricia" von Fraser Sutherland erzählt die Geschichte zweier Jugendlicher während ihrer Highschool-Zeit. Der Junge, dessen Namen der Leser nicht erfährt, bewundert Patricia, das vierzehnjährige Nachbarmädchen, das ihm aufgrund seiner für ihn vollkommenen Schönheit als unerreichbar erscheint. Als er sich eines Tages ein Herz fasst und Patricia zu einer Tanzveranstaltung in der Schule einlädt, geht sie zunächst nicht auf sein Ansinnen ein und gibt ihm dann zu verstehen, dass sie, falls überhaupt, den Ball nicht mit ihm besuchen wird. Ohne nach den Gründen zu fragen, verabschiedet sich der Junge und geht nach Hause, um seiner Enttäuschung beim Boxen Luft zu machen. Weder er noch Patricia besuchen den Ball.

Patricia und der Nachbarjunge sollen in ihren Eigenarten – sie die zerbrechliche Schönheit, er der athletische Boxer – deutlich werden. Die Gefühle des Jungen, die in der Erzählung explizit genannt werden („... she changed day by day ... startling him each time he looked", Z. 11–12), und sein Verhalten sollen zu Patricia in Beziehung gebracht werden. Die Frage, weshalb Patricia die Einladung des Jungen ablehnt, kann als Vorarbeit zur anschließenden Kreativaufgabe diskutiert werden. (Sie finden den Text auf KV 9, S. 37.)

Unterrichtsverlauf

Den ersten Teil der Doppelstunde nimmt die Interpretation der Kurzgeschichte ein. Nach der gründlichen Lektüre wird die Aufmerksamkeit der Schülerinnen und Schüler auf die zwei Personen der Handlung gelenkt. Erste Eindrücke können sie im Klassengespräch sammeln. Danach beginnt die eigentliche Partnerarbeitsphase. Die Schülerinnen und Schüler sammeln Informationen über Patricia und den Nachbarjungen (ein Partner konzentriert sich auf die Person der Patricia, der andere auf die des Nachbarjungen), die sie in eine gemeinsame Tabelle eintragen. Danach wird der Dialog geplant und ausgeführt.

L: Work in pairs. Go through the text and underline information on the two characters. One partner concentrates on Patricia, the other on the boy. Collect your information on both characters in a grid.

Lösungsvorschlag

He	Patricia
likes boxing (l. 1)	fourteen (l. 5)
wants to be in good shape (ll. 3f.)	black hair with glints of brown (ll. 5f.)
likes his muscular body (l. 3)	clear skin (l. 6)
is changing rapidly: his voice is breaking (ll. 12f.)	flush beneath her cheekbones (l. 7)
comes to see Patricia (l. 13)	lips: red, full, a little too soft (ll. 7f.)
they play games (ll. 13f.)	very thin; small wrists and ankles (ll. 9f.)
puts a card down on her knee (l. 15)	works hard at school (l. 10)
thinks Patricia too beautiful for him (l. 21)	rejects the boy (l. 16)
invites Patricia to the dance (l. 25)	does not go to the ball (ll. 32f.)
wants an answer (l. 28)	
leaves after she declines his offer (l. 31)	
does not go to the ball (l. 32)	

Aufgabe The boy and Patricia see each other again years later as grown-ups and talk about their last meeting just before the spring dance. Write a dialogue.

Lösungsvorschlag *Patricia, a good-looking woman in her early thirties, is at a party where she meets a man of about her own age who seems to be strangely familiar.*

PATRICIA: Erm, excuse me, I'm afraid you must think me very rude for staring at you like this all the time but I somehow feel – I don't know how I should put it – I think I've seen you before. At university perhaps, or later, I worked for a big insurance company, or in a shop. I'm sorry, I'm probably talking a lot of nonsense. Please forgive me, I didn't want to spoil your evening.

MIKE: No, that's alright. I felt the same about you when I came in and saw you talking to that tall guy over there. I think we do know each other. You're Patricia, aren't you? I'm Mike, remember, the one who lived next door when we were kids.

PATRICIA: Mike? – What an extraordinary coincidence. We haven't seen each other for – it must be nearly twenty years! What are you doing here? You moved somewhere else with your parents because your dad got a better job in another town, didn't you?

MIKE: Yes, that's right, we moved away when I was fourteen. It was in the summer holidays. You were away with your parents.

PATRICIA: Why have you never written to me? We used to see each other so often and then you somehow disappeared just like that. I remember I found that rather strange at the time, ungrateful too, after all the time we spent together.

MIKE: Well, after you went to the spring dance with someone else I thought you weren't very interested in me. I mean, I was probably alright as someone you used to play with as a girl but then – you must have lots of admirers.

PATRICIA: I didn't go to that dance. I wanted to go with you but I was too shy to admit it, so I said I'd rather go with someone else. All through our holidays I was thinking about how I could tell you and when I finally had the courage to do so, you were gone.

MIKE: Listen to the music, didn't they play this on the radio when we were kids?

PATRICIA: Yes, they did. I can still remember the words.

MIKE: Would you like to dance with me?

Alternative Aufgabe | The boy finds out that Patricia was not at the dance. He asks her why. Write the conversation they might have had.

Fraser Sutherland:
Patricia

His fists sank thumping[1] into the heavy bag: a sack he'd filled with sawdust[2] and hung up out in the woodshed[3] because he wanted to get into condition. When he finished his workout he looked at himself in the mirror. He liked the look of hard muscles on his body, the shining sweat.

5 He liked to look at Patricia, too. She was fourteen, and her hair was black, all the blacker for the glints[4] of brown you could sometimes see in the light. She had clear skin and always a slight flush[5] beneath her cheekbones, nothing to do with the Avon[6] lady. Her lips were red and full, but just a little too soft. At fourteen she was an appealing[7] thin, as if she were growing fast while her stomach stayed flat. Her hips[8] were slight and the bones of her wrists[9] and 10 ankles[10] small. She worked hard in school.

He watched Patricia – no one ever called her Pat – as she changed day by day, the whole of her, startling[11] him each time he looked. He was changing, too, and his voice often surprised him. She lived next door and he came to see her quite a lot. They would play cards or play catch with a rubber ball out in the yard. Once, when they were playing Auction's[12] in the liv-15 ing room he was in a funny mood and put a card right down on her knee as she sat close to him. "Don't impose[13]", she said, and he took the card away.

One Saturday he came around to her house. Her father let him in. Patricia and her mother would soon be home from the hair-dresser's, though. That was all right. A few minutes later the door opened and Patricia walked in, her hair done up in a high Italian style. He gasped[14] 20 because she was so beautiful, so unassailably[15] beautiful. The sweat beaded[16] on his forehead[17], and he retreated soon afterwards. She was too beautiful for him to stay.

There was going to be a spring dance down at the school and he thought a lot about asking her to go. One day a few weeks before the dance he spent an hour talking with her about a number of things which didn't matter at all.

25 "Would you like to go to the dance with me?" he said finally.

She started to talk about something else. Then he felt flustered[18], and ruffled[19], and bothered, by this ploy[20] or stratagem[21] or whatever it was. He broke in to say, "What about the dance?" He wanted an answer.

Blushing[22], as though there were no other way of doing it, she said, "If I go with anyone, it 30 won't be with you."

"I see," he said, and left soon after.

He went to the woodshed to punch his sack of sawdust. He didn't go to the dance, and neither did she. The final exams were very close and she, too, had a lot of work to do.

from *The Antigonish Review*, 5, No. 20 (Winter 1974)

---

[1] **to thump** to strike or beat heavily – [2] **sawdust** very small pieces of wood falling off when wood is being sawn – [3] **woodshed** small, simple building used for storing fire-wood – [4] **glint** bright flash of light, esp as reflected from a shiny surface – [5] **flush** reddening caused by a rush of blood to the face – [6] **Avon** American cosmetics firm known for its method of door-to-door selling – [7] **appealing** attractive – [8] **hip** *Hüfte* – [9] **wrist** *Handgelenk* – [10] **ankle** *Knöchel* – [11] **to startle** to be or cause to be frightened or surprised – [12] **Auction 45's** card game – [13] **to impose** to make sb endure sth that is not wanted – [14] **to gasp** to draw in the breath sharply – [15] **unassailably** unquestionably – [16] **to bead** [biːd] to form drops – [17] **forehead** [ˈfɔːhed] *Stirn* – [18] **flustered** nervous, confused – [19] **ruffled** annoyed, worried – [20] **ploy** action that is carefully planned to win an advantage – [21] **stratagem** [ˈstrætədʒəm] trick or plan to deceive sb, esp an opponent – [22] **to blush** to become red in the face

Interview

Eine besondere Art des Dialogs ist das Interview. Während beim Dialog zwei Personen frei kommunizieren, konzentriert sich das Interview auf bestimmte Themenkreise, die durch vom Interviewer vorbereitete Fragen ausgeleuchtet werden.

Das Interview als Mittel zur Informationsbeschaffung bietet verschiedene Einsatzmöglichkeiten. In der klassischen Form wird es dann benutzt, wenn es gilt, eine Person um eine Stellungnahme zu einem bestimmten Thema zu bitten. Eine Variante stellt das Interviewen historischer oder fiktiver Personen dar. Hier steht weniger das Erlangen konkreter Informationen als vielmehr das Verstehen individuellen Handelns im Vordergrund. Das Interview dient dazu, einen bestimmten Charakter besser kennen zu lernen und seine Entscheidungen im Rahmen der historischen Zusammenhänge bzw. bei fiktiven Texten im Rahmen der Gesamthandlung zu begreifen.

Ausführung im Unterricht

Bei der Analyse einer Ganzschrift wird gewöhnlich auf die Deutung der Handlung und auf die Gestaltung der Charaktere besonderer Wert gelegt. Die Ergebnisse einer solchen Gesamtinterpretation können am Ende in der Form eines Interviews zusammengefasst werden.
Als Vorbereitung auf das Interview müssen zum einen alle zur Verfügung stehenden Informationen über den zu befragenden Charakter zusammengetragen werden. Eine wertvolle Informationsquelle stellt dabei ein im Laufe der Lektüre angelegtes und während der Interpretation vervollständigtes *reading log* (s. S. 31) dar, das schnellen Zugriff auf Details der Handlung erlaubt. Zum anderen muss ein Fragenkatalog erarbeitet werden.

Zeitbedarf ▪ Der gesamte Arbeitsprozess kann in einer Doppelstunde bewerkstelligt werden.

Material ▪ Es sollten mehrere Kassettenrekorder mit Mikrofon zur Verfügung stehen.

Ausführung am Beispiel von „Lord of the Flies" von William Golding

Inhalt und Interpretationsschwerpunkte

Siehe dazu die Ausführungen auf S. 31.

Für die Arbeit in der Schule eignet sich beispielsweise folgende Ausgabe:
William Golding: Lord of the Flies. Edited and annotated by Dieter Smolka. Frankfurt am Main: Diesterweg, 1994.

Unterrichtsverlauf

Die als Partnerarbeit konzipierte Aufgabenstellung umfasst insgesamt vier Arbeitsschritte. Zunächst müssen sich die Partner auf die Person einigen, die interviewt werden soll. Danach sammelt ein Partner alle verfügbaren Informationen über den ausgewählten Charakter, während der zweite Partner einen Fragenkatalog für das Interview erstellt.

Im Anschluss daran wird das Interview durchgeführt. Hierzu kann zunächst eine Textvorlage (ausformuliert oder in Stichworten) erstellt und dann das Interview aufgezeichnet werden. Bei mündlich leistungsstarken Klassen oder zum Einüben freien Sprechens kann das Interview aber auch „live" aufgezeichnet werden.

Die von den verschiedenen Zweiergruppen erarbeiteten Interviews können zum Schluss zusammen mit Hintergrundinformationen zur historischen und politischen Situation zu einer Nachrichten- oder Magazinsendung im Fernsehen oder Radio verarbeitet werden (s. *moderation technique*, S. 76). Eine weitere Möglichkeit, die erarbeiteten Ergebnisse zu präsentieren, ist das Zusammenstellen einer Sonderausgabe einer Zeitung oder Zeitschrift.

Aufgabe

Carry out an interview with one of the survivors of the plane crash.

Lösungs-vorschlag

Information on Ralph

- the first character we meet on the island
- admired by Piggy
- treats Piggy like a sort of servant
- finds the conch
- becomes chief
- his rival: Jack
- explores the island
- suggests lighting a big fire to make ships aware of the island
- is involved in the murder of Simon
- becomes an outlaw when Jack takes over power
- is nearly killed

Interview questions

1) How many children were on board the plane?
2) Were there no grown-ups?
3) What are your memories of the actual plane crash?
4) How many children survived the crash?
5) How did you feel when you found yourself alone on an uninhabited island?
6) How did you manage to survive?
7) Weren't you scared?
8) Did you organize your group in any way?
9) Did you do anything to increase your chances of being found?
10) Were there any really dangerous situations?

Interview

INT.: Ladies and Gentlemen, today we have here with us the young Ralph Wilson, one of the survivors of last month's plane crash in the South Pacific. Hello, Ralph. Can you tell us how many children there were on board the plane?

RALPH: I don't know how many children there were, I didn't know the others.

INT.: Were there no grown-ups?

RALPH: Well, there were the pilots, but nobody else, no teachers or parents.

INT.: What are your memories of the actual plane crash?

RALPH: We were attacked and the plane was burning, at least that's what one of the others said. There was a man with a megaphone, I think he was the second pilot and he told us to stay calm. There was a storm on the island and probably some of the kids were dragged out to sea in the tube we came down in.

INT.: How many children survived the crash?

RALPH: There was Piggy and me, Jack, Robert, Simon, Sam, Eric and a number of small kids, I can't remember their names, maybe fifteen or twenty.

INT.: How did you feel when you found yourself alone on an uninhabited island?

RALPH: At first I liked it very much. You could swim in the lagoon, the weather was great and there was enough to eat. I thought we could just have a great time till someone came and rescued us. My dad's in the navy. I was sure there would be a ship one day because they would be looking for us.

INT.: How did you manage to survive?

RALPH: We built shelters against wind and rain and we had water to drink and fruits and meat to eat. We made a fire to cook meat.

INT.: Did you do anything to increase your chances of being found?

RALPH: We collected wood and lit a huge fire up on the highest point of the island so that passing ships could see us.

INT.: Did you organize your group in any way?

RALPH: At first I was the chief because I got the conch. We held meetings and only if you had the conch were you allowed to speak. There was a group that was responsible for the fire and there was a group of hunters. Later the hunters went to stay somewhere else and there were only me and Piggy and some of the littluns.

INT.: Were you not scared?

RALPH: We were scared when we heard about the beasts. One of the littluns said there was a beast in the sea. I'm not sure about it, but there was another one on the mountain by the fire. I saw it. It was huge and it moved but it didn't speak. I never went near it again.

INT.: Were there any really dangerous situations?

RALPH: Well, I just told you about the beast, and also when Simon had this accident. He was killed hunting. And Piggy – he fell off a rock, you know. And I …, I got badly hurt running away from … But now I'm safe.

INT.: Thank you Ralph for talking to us.

Good angel – Bad angel

Bei dieser Partneraktivität stellen die Schülerinnen und Schüler den Gewissenskonflikt einer handelnden Person dar. Ein Protagonist oder eine Protagonistin steht kurz vor einer existentiell wichtigen Entscheidung: Welchen Weg soll er oder sie wählen? Wird das Gute oder das Böse siegen? Besonders in Dramen wie in Shakespeares *Macbeth* oder *Hamlet* aber auch in Prosatexten bietet sich dieses kreative Verfahren als *while reading activity* an, wenn die Lektüre fortschreitend erfolgt. Aber auch *short stories* mit offenen Enden können so in einer *post reading activity* weitergesponnen werden.

Ausführung im Unterricht

Die Schülerinnen und Schüler müssen bei der Ausgestaltung der beiden Gewissensseiten ihre Textkenntnis unter Beweis stellen, denn nur so können Handlungsvarianten durchgespielt, akzeptiert oder verworfen werden. Eine hochgradige Identifikation mit der Person bzw. eine interpretatorische Durchdringung des Charakters und der bisherigen Handlungsmotivationen ist unabdingbar, um die Konfliktsituation glaubhaft zu gestalten. Es kann dabei mit dem sprichwörtlichen „Engelchen-Teufelchen"-Verfahren gearbeitet werden, d.h. der Person werden Handlungsangebote der lauteren, moralischen Art von einer Engelsgestalt angetragen, eine Teufelsgestalt hingegen will zu Unmoralischem, aber Lustverheißendem verlocken. Wenn eine solche Szene nicht zur Geschichte passt, so kann die *good angel – bad angel*-Rolle auch so gestaltet werden, dass die Person zu sich selbst spricht (*alter ego*-Gespräch), z.B. vor einem imaginären Spiegel. Dabei könnten sich die Partner beim Präsentieren voreinander stellen.

Zeitbedarf	5–10 Min. pro darstellendes Paar
Material	• Wörterbuch

Ausführung am Beispiel von „Cat in the Rain" von Ernest Hemingway

Inhalt und Interpretationsschwerpunkte

„Cat in the Rain" von Ernest Hemingway (s. KV 10, S. 44) erzählt die Geschichte eines amerikanischen Ehepaars, das sich in einem Hotel in Italien aufhält. Da es regnet, befinden sich die beiden Ehepartner auf ihrem Zimmer. Von dort blickt die Frau auf den menschenleeren Platz vor dem Hotel, auf dem sich wegen des schlechten Wetters weder Touristen noch Einheimische aufhalten. Einzig ein kleines Kätzchen, das sich kaum vor dem Regen schützen kann, erregt ihre Aufmerksamkeit. Sie beschließt, nach draußen zu gehen und das Kätzchen zu holen. Bis sie jedoch aus dem Hotel tritt, ist die Katze verschwunden. Enttäuscht geht sie zurück auf ihr Zimmer, wo sie ihren Gefühlen Luft macht. Der missglückte Versuch, die Katze zu retten, wird für sie zum Anlass, ihre Unzufriedenheit mit ihrer augenblicklichen Situation zu äußern. Ihr Ehemann zeigt wenig Verständnis. Der Hotelbesitzer aber erfüllt ihr wenigstens einen ihrer Wünsche: Er lässt ihr eine Katze aufs Zimmer bringen.

Die Beziehung der beiden jungen Eheleute befindet sich in einer Krise, wobei sie sich dessen noch nicht bewusst sind. Die Frau sehnt sich danach, endlich „Frau" zu sein, sie möchte nicht länger wie ein Junge aussehen, wünscht sich ein eigenes Zuhause, mit allem, was zum Sesshaftsein gehört. Die Katze ist ein Symbol für den Wunsch nach einem Kind. George, ihr Ehemann, ist mit dem derzeitigen Zustand zufrieden. Er kann die Entwicklung seiner Frau nicht nachvollziehen, will es auch nicht. Ihre Wunschvorstellungen empfindet er als lästige Ablenkung von seiner Beschäftigung zu lesen und verhält sich dementsprechend ignorant und misslaunig. Der Einfluss des *padrone*, durch den sie sich als „very small and at the same time really important" als „being of supreme importance" fühlt (Z. 69–71) und das offene Ende laden ein zu Spekulationen, ob sie den egoistischen Mann, der gar nicht merkt, welche existentiellen Probleme seine Frau bewegen, vielleicht verlassen wird. Georges Verhalten gibt Anlass, ihn darüber zu befragen.

Unterrichts-verlauf

Am Ende der *short story* „Cat in the Rain" wird der jungen amerikanischen Frau vom Zimmermädchen eine Katze gebracht. Die Schülerinnen und Schüler haben die Beziehung der beiden Eheleute bereits interpretiert. Die Schlussszene kann nun so gestaltet werden, dass sie sich vorstellen sollen, was die Frau nun wohl unternehmen wird. Wird sie George verlassen oder ihre Rolle frustriert weiter beibehalten? Dieses Zwiegespräch mit sich selbst sollen die Schülerinnen und Schüler darstellen. Dabei kann ihnen die Möglichkeit gegeben werden, dies auf verschiedene Art und Weise zu tun, oder Sie geben nur eine Form an:

L:

What if she left? Could she do that? Can you imagine that she is torn between the wish to leave and her duty to stay with George?

Work out what she might say to herself in her mind while considering the good and the bad aspects of maybe giving her life a new turn.

You and your partner should write that "conversation of conscience" and later perform it [as if she was speaking to either her *alter ego* or her reflection in the mirror]. You can [also] pretend that her conscience is being attacked by a bad angel who is trying to make her leave George. The good angel has to fight against the great temptation of starting the new life offered by the bad one.

Die Schülerinnen und Schüler sollten genügend Zeit bekommen, das Gespräch zu schreiben und es auch miteinander zu üben, sodass die Präsentation möglichst spielerisch, ohne nur vom Blatt abzulesen, erfolgen kann. Für die Spiegel- oder Alter Ego-Darstellung müssen die Schülerinnen und Schüler wie für einen inneren Monolog die Ich-Form wählen.

Bevor die Paare zu arbeiten beginnen, können im kurzen Lehrer-Schüler-Gespräch mögliche Argumente genannt werden, damit die Schülerinnen und Schüler grob wissen, was zu tun ist. Danach sollen sie diese und noch weitere eigene zu dem Spiegel- oder Streitgespräch ausarbeiten.

Lösungs-vorschlag

Argumente für die Anfechtungen durch den *bad angel* könnten sein:

- George doesn't care for you anymore, he is more interested in himself
- George will never be a good father for the babies you long for
- George is a superficial, rude guy with absolutely no sense for what a woman needs
- George doesn't love you anymore
- the padrone is a very likeable fellow with the manners of a gentleman
- the padrone might be a bachelor or widower and he fancies you
- George has no great fortune, the padrone is the owner of this hotel
- stay in Italy, usually there is nice weather here and there are lots of cats
- even if the padrone is only like a father for you, he shows you that you deserve to be respected
- you do not need "lazybone" George to give you the feeling of being a respectable person
- a divorce nowadays is no big deal
- if you do not act now, you will never get away and live your dreams

Der *good angel* wird dagegen versuchen, die Frau von ihren Trennungsgedanken abzubringen:

- George has had a hard time lately and tomorrow after the rain he will be more caring again
- George is still young and having a baby right now would only restrict your freedom and independence
- when the time has come, George will learn how to be a good father
- George is a real man and you should keep your womanly temper tantrums inside and not bother him
- George still loves you – only that love has taken on a different quality
- beware of the padrone; he is a philanderer with no good intentions
- you have married George and sworn to stay through good times and bad times – can you throw that away so easily?
- a divorce will be expensive and painful
- look at him there lying on the bed, isn't he as cute as he used to be ...

Nach mehreren Paarvorstellungen können diese im Plenum in Hinblick auf ihre *performance* kommentiert und kritisiert werden. Auf alle Fälle sollten alle Vorspielenden ein konstruktives *feedback* erhalten und grobe sprachliche Fehler sollten nach jeder Vorstellung verbessert werden.

There were only two Americans stopping at the hotel. They did not know any of the people they passed on the stairs on their way to and from their room. Their room was on the second floor facing the sea. It also faced the
5 public garden and war monument. There were big palms and green benches in the public garden. In the good weather there was always an artist with his easel[1]. Artists liked the way the palms grew and the bright colors of the hotels facing the sea. Italians came from a long way off
10 to look up at the war monument. It was made of bronze and glistened[2] in the rain. It was raining. The rain dripped[3] from the palm trees. Water stood in pools on the gravel[4] paths. The sea broke in a long line in the rain. The motor cars were gone from the square[5] by the war monu-
15 ment. Across the square in the doorway of the café a waiter stood looking out at the empty square.

The American wife stood at the window looking out. Outside right under their window a cat was crouched[6] under one of the dripping green tables. The cat was trying to
20 make herself so compact that she would not be dripped on.

"I'm going down and get that kitty[7]," the American wife said.

"I'll do it," her husband offered from the bed.

25 "No, I'll get it. The poor kitty is out trying to keep dry under the table."

The husband went on reading, lying propped[8] up with the two pillows[9] at the foot of the bed.

"Don't get wet," he said.

30 The wife went downstairs and the hotel owner stood up and bowed to her as she passed the office. His desk was at the far end of the office. He was an old man and very tall.

"Il piove[10]," the wife said. She liked the hotel-keeper.

35 "Si, si, Signora, brutto tempo[11]. It is very bad weather." He stood behind his desk in the far end of the dim room. The wife liked him. She liked the deadly serious way he received any complaints[12]. She liked his dignity[13]. She liked the way he wanted to serve her. She liked the way he felt about being a hotel-keeper. She liked his old,
40 heavy face and big hands.

Liking him she opened the door and looked out. It was raining harder. A man in a rubber cape was crossing the empty square to the café. The cat would be around to the right. Perhaps she could go along to the eaves[14]. As she
45 stood in the doorway an umbrella opened behind her. It was the maid who looked after their room.

"You must not get wet," she smiled, speaking Italian. Of course, the hotel-keeper had sent her.

With the maid holding the umbrella over her, she walked
50 along the gravel path until she was under their window. The table was there, washed bright green in the rain, but the cat was gone. She was suddenly disappointed. The maid looked up at her.

"Ha perduto qualque cosa, Signora[15]?"
55
"There was a cat," said the American girl.

"A cat?"

"Si, il gatto[16]."

"A cat?" the maid laughed. "A cat in the rain?"

"Yes," she said, "under the table." Then, "Oh, I wanted it
60 so much. I wanted a kitty."

When she talked English the maid's face tightened.

"Come, Signora," she said. "We must get back inside. You will be wet."

"I suppose so," said the American girl.
65
They went back along the gravel path and passed in the door. The maid stayed outside to close the umbrella. As the American girl passed the office, the padrone made her feel very small and at the same time really important. She had a momentary feeling of being of supreme import-
70 ance. She went on up the stairs. She opened the door of the room. George was on the bed reading.

"Did you get the cat?" he asked, putting the book down.

"It was gone."

"Wonder where it went to," he said, resting his eyes from
75 reading. She sat down on the bed.

---

[1] **easel** [ˈiːzᵊl] *Staffelei* – [2] **to glisten** [ˈglɪsn] to shine brightly – [3] **to drip** to fall in drops – [4] **gravel** [ˈgrævᵊl] very small stones or pebbles – [5] **square** open area in a town surrounded by buildings – [6] **to crouch** [krautʃ] *s. zusammenkauern* – [7] **kitty** Child's name for kitten: young cat – [8] **to prop** to support sth or keep sth in position – [9] **pillow** a cloth case stuffed with feathers etc used to support the head esp during sleep – [10] **il piove** (ital.) it's raining – [11] **brutto tempo** (ital.) bad weather – [12] **complaint** expression of dissatisfaction – [13] **dignity** calm and serious manner – [14] **eaves** [iːvz] *Dachrinne* – [15] **ha perduto qualque cosa, Signora?** (ital.) Have you lost anything, Madam? – [16] **il gatto** (ital.) the cat

"I wanted it so much," she said. "I don't know why I wanted it so much. I wanted that poor kitty. It isn't any fun to be a poor kitty out in the rain."

80 George was reading again.

She went over and sat in front of the mirror of the dressing table looking at herself with the hand glass. She studied her profile, first one side and then the other. Then she studied the back of her head and her neck.

85 "Don't you think it would be a good idea if I let my hair grow out?" she asked, looking at her profile again.

George looked up and saw the back of her neck, clipped close[17] like a boy's.

"I like it the way it is."

90 "I get so tired of it," she said. "I get so tired of looking like a boy."

George shifted his position in the bed. He hadn't looked away from her since she started to speak.

"You look pretty darn nice," he said.

95 She laid the mirror down on the dresser and went over to the window and looked out. It was getting dark.

"I want to pull my hair back tight and smooth and make a big knot at the back that I can feel," she said. "I want to have a kitty to sit on my lap[18] and purr[19] when I

100 stroke[20] her."

"Yeah?" George said from the bed.

"And I want to eat at a table with my own silver and I want candles. And I want it to be spring and I want to brush my hair out in front of a mirror and I want a kitty and I want some new clothes." 105

"Oh, shut up and get something to read," George said. He was reading again.

His wife was looking out of the window. It was quite dark now and still raining in the palm trees.

"Anyway, I want a cat," she said, "I want a cat. I want a 110 cat now. If I can't have long hair or any fun, I can have a cat."

George was not listening. He was reading his book. His wife looked out of the window where the light had come on in the square. 115

Someone knocked at the door.

"Avanti," George said. He looked up from his book. In the doorway stood the maid. She held a big tortoise-shell[21] cat pressed tight against her and swung down against her body. 120

"Excuse me," she said, "the padrone asked me to bring this for the Signora."

taken from Ernest Hemingway: The Essential Hemingway.
St Albans: Triad/Panther Books, 1977, pp. 314–317.
Copyright © The Estate of Ernest Hemingway 1947

---

[17] **to clip the hair close** to cut the hair very short – [18] **lap** Schoß – [19] **to purr** [pɜː] (of a cat) to make a low continuous sound – [20] **to stroke** to pass one's hand gently over a surface – [21] **tortoise-shell** [ˈtɔːtəsʃel] (of a cat) having a black and yellow fur

Managing and evaluating group activities

Hinweise zur Organisation, Durchführung und Bewertung von Gruppenarbeiten

Gruppenarbeit kann für beide Seiten, Lehrende und Lernende, entweder ein frustrierendes „Chaoserlebnis" werden oder aber eine Erfahrung von effektiver Zusammenarbeit und abwechslungsreichem Unterricht.

„Brandherde" bei der Gruppenarbeit sind:

- Die Gruppen arbeiten nicht richtig zusammen, d.h. im schlimmsten Fall macht eine oder einer die Arbeit und die anderen mogeln sich durch.

- Einige Gruppen kommen zielstrebig voran, andere „wursteln" herum. Sie halten sich weder an die Arbeitsanweisungen noch an das gesetzte Zeitlimit.

- Es wird fast nur deutsch gesprochen.

- Die Ergebnisse fallen mager aus und werden lieblos bei der Vorstellung vom Blatt heruntergeleiert.

- Es wurde Zeit vertan, sodass nicht mehr alle Gruppen präsentieren können.

- Weil die Zeit knapp wird, werden die Gruppen zur Präsentation gedrängt, sodass sie u.U. keine Zeit haben, um ihre Rollen einzuüben oder ihren Vortrag rhetorisch zu gestalten.

- Es kommen zwar alle Gruppen zur Präsentation, aber (weil z.B. die Zeit nicht mehr reicht), gibt es kein richtiges Feedback. Die Lehrerin oder der Lehrer macht lediglich nichtssagende Bemerkungen wie: „Good, but a little short./ Very well done!/ Well, that is not exactly what we wanted to hear."

Gründe für das Scheitern oder für nur hinlänglich zufriedenstellende Gruppenarbeit sind oftmals darin zu finden, dass viel zu wenig Zeit veranschlagt wird und zu offen an die Arbeitsform herangegangen wird. Zwar handelt es sich um eine schülerorientierte Methode, aber es darf dabei nicht auf eine unter Umständen recht engschrittige Verfahrensweise verzichtet werden. Gruppenarbeit besteht aus mehreren Unterrichtsphasen und nicht nur aus der Aktivität der Schülerinnen und Schüler in den Gruppen. Besonders für Klassen, die mit Gruppenarbeit noch keine oder schlechte Erfahrungen gemacht haben, empfiehlt sich, das unten skizzierte Vierphasenmodell entsprechend intensiv zu durchlaufen:

1. Vorbereitungsphase

Jede Art von Gruppenarbeit oder *teamwork* erfordert eine solide Vorbereitung im Vorfeld, besonders, wenn eine Klasse nicht an effektives Arbeiten in Gruppen gewöhnt ist.

In diesem Fall empfiehlt sich vor Teamaktivitäten ein Gespräch über die Arbeitsform in folgenden Schritten zu führen und zunächst nach den eigenen Erfahrungen zu fragen:

L: What is your experience with working in teams or groups?

Halten Sie die Ergebnisse auf Folie oder an der Tafel fest. Anschließend kann die Klasse die Aussagen nach positiv und negativ ordnen und markieren:

Team work

- only one person is working, the others fool around ☹
- get to know your class mates better ☺
- if one gets stuck, the partners can help ☺
- it is fun if all work together ☺
- in the end, even the lazybones get a good mark ☹
- …

Die negativen Äußerungen werden hinterfragt. Dabei merken die Schülerinnen und Schüler von selbst, dass es mit gewissen „immer währenden" Regeln besser laufen wird. Diese Regeln sollten nun gemeinsam aufgestellt und auf ein Plakat übertragen werden, damit sie immer präsent sind.

Funktionen der einzelnen Teammitglieder

Um alle Gruppenmitglieder zu beschäftigen, kann den einzelnen eine spezielle Aufgabe gegeben werden:

- Ein Schüler oder eine Schülerin achtet darauf, dass (möglichst nur) Englisch gesprochen wird (→ *language-guard*).
- Eine Schülerin oder ein Schüler kümmert sich um das Einhalten der Zeitvorgabe (→ *time-guard*).
- Alle werden angewiesen, Gesprächsnotizen zu machen und die Ergebnisse in ihren Heften festzuhalten. Es wird eine Schülerin oder ein Schüler bestimmt, der die Ergebnisse für die Präsentation auf eine Folie oder ein Plakat überträgt (→ *writer*).
- Ein Schüler oder eine Schülerin wird als Sprecher oder Sprecherin bestimmt (→ *presenter*).

Für alle Schüler und Schülerinnen soll gelten: Alle schreiben alles auf! Dadurch wird vermieden, dass nur einige arbeiten und andere sich der Aktivität entziehen. Sollten Sie aus Zeitgründen nur einen Schreiber bestimmt haben, so ist es ratsam, das Geschriebene von einem anderen Schüler oder einer Schülerin aus der Gruppe vortragen zu lassen. Sonst ziehen sich die anderen zurück, während nur noch eine Person schreibt. Wer vortragen wird, kann am Ende der Arbeitsphase von Ihnen bestimmt werden. So sind alle bis zuletzt wachsam, da es ja jeden treffen könnte. Auch diese Maßnahme ist eine wirkungsvolle Vorkehrung gegen das geistige Pausieren derer, die wenig aktiv sind.

Die Gruppenzusammensetzung

Die Zusammensetzung der Gruppen in der Sek. II ist oft leicht herzustellen, besonders in „erfahrenen" Klassen und Kursen bilden sich Gruppen oft schnell nach Gewohnheit. Dennoch empfiehlt sich Abwechslung in der Teambildung:

a) Der Lehrer oder die Lehrerin bestimmt namentlich, wer mit wem arbeiten soll.

b) Er bzw. sie zählt durch, z.B. von 1–5. Alle, die die Zahl 1 erhalten haben, bilden die erste Gruppe, die mit der 2 sind Gruppe Nr. 2 usw.

c) Spielkarten oder farbige Zettel werden gezogen oder ausgeteilt und die Gruppen bilden sich nun nach Farben oder Symbolen o.Ä.

Die Arbeitsanweisungen vor Beginn der Gruppenarbeit

Sie sollten die Arbeitsanweisungen deutlich getrennt vom Beginn der Gruppenarbeit erteilen. Ob die Anweisung vor oder nach der Zusammensetzung der Gruppen erfolgt, ist unerheblich. Die Aufgaben und Anweisungen sollten gemeinsam laut gelesen werden, um sicherzustellen, dass die Klasse verstanden hat, was zu tun ist. Eine Overhead-Projektion kann dies unterstützen. Wichtig ist, dass dabei absolute Ruhe im Raum herrscht und die Schüler und Schülerinnen aufmerksam sind.

Gruppenidentische und arbeitsteilige Arbeitsaufgaben

Bei gruppenidentischen Aufgaben sollte die Anweisung, so sie nicht dem Lehrbuch entnommen wird oder abgewandelt wurde, entweder an der Tafel angegeben oder per OHP-Folie gezeigt werden.

Bei arbeitsteiligen und komplexeren Arbeitsaufträgen sollten die einzelnen Gruppen ein Arbeitsblatt mit den Anweisungen erhalten. Sofern man keine „Überraschungseffekte" geplant hat, sollte für alle Gruppen „Aufgabentransparenz" gewährleistet werden: Wie auch bei der gruppenidentischen Aufgabe, werden der Klasse zunächst die von den Gruppen zu bearbeitenden einzelnen Fragen vorgestellt. Die z.B. auf einer Folie zusammengestellten Aufgaben werden von den Schülern laut vorgelesen. Hier besteht nun die Möglichkeit für Sie, das Verständnis zu überprüfen. Ein Schritt, der unbedingt vor der Arbeit erfolgen sollte, es sei denn, die Sondierung der Aufgaben ist z.B. in den Expertengruppen eines Gruppenpuzzles vorgesehen (siehe *group puzzle*, S. 58).

Um Unklarheiten oder Nachfragen zu den Arbeitsaufträgen während der Gruppenarbeitsphase zu vermeiden, sollten die Arbeitsanweisungen kleinschrittig, logisch in der Abfolge und sprachlich einfach gehalten werden. Sie enthalten neben den inhaltlichen Aufgaben auch Hinweise zur:

- Arbeitsweise (z.B.: *choose one speaker; all of you have to write down your ideas; draw a mind-map; etc*)
- Präsentation (z.B.: *create a poster, prepare a one minute statement, etc*)
- Regeleinhaltung mit Hinweis auf die gemeinsamen *rules* an der Wand
- Zeiteinteilung

Hilfs- und Arbeitsmittel

Vor Arbeitsbeginn sollten Hilfsmittel und Arbeitsmittel ausgelegt bzw. vorgestellt worden sein, z.B. Folien und Stifte, Flipchart, einsprachiges und zweisprachiges Wörterbuch, Lexikon, ggf. Benutzung des PCs, der Enzyklopädie in der Schülerbibliothek usw.

Beginn und Ende der Arbeitsphase markieren

Nachdem für alle klar ist, was in welchem Zeitraum wie zu tun ist, kann die Arbeit beginnen. Obwohl eher in der Sek. I üblich, kann ein Küchenzeitmesser eingestellt werden oder sonst ein (Klingel-)Zeichen vereinbart werden, das das Ende oder das Unterbrechen der Gruppenarbeit signalisiert. Für die Klasse heißt es dann, sämtliche Aktivitäten einzustellen und dem Lehrer oder der Lehrerin volle Aufmerksamkeit zu schenken. Die Schreibgeräte und Materialien sollten beiseite gelegt werden, die Sitzhaltung ist dem Lehrer bzw. der Lehrerin zugewandt. Dies sollte regelrecht ritualisiert werden.

2. Gruppen-arbeitsphase

Ist das Startzeichen zum Arbeiten der Gruppen einmal gegeben, sollte keine Unterbrechung mehr durch ein „Nachschieben" von Anweisungen erfolgen. In der Arbeitsphase sollen sich die Schüler und Schülerinnen voll auf ihre Aufgaben konzentrieren.

Die Zeiteinteilung ist oft ein Problem für Schüler und Schülerinnen. Es sollte zumindest mündlich eine Empfehlung für die Einteilung gegeben werden. Die Teams benötigen oft den Hinweis, dass sie für bestimmte Vorgänge ihre Zeit festlegen sollen, z.B. für Materialbeschaffung und -sichtung, für das Lesen und Exzerpieren, für das Präsentieren usw.

Hilfreich können hier Gruppenarbeitspläne (KV 11, S. 51) und Gruppenprotokolle (KV 12, S. 51) sein. Diese können später von der Lehrerin oder dem Lehrer auch zur Notenfindung herangezogen werden.

Aufgaben des Lehrers oder der Lehrerin während der Arbeitsphase

Während die Schüler und Schülerinnen in den Teams arbeiten, agieren Sie als Lehrer oder Lehrerin assistierend im Hintergrund. An Kontrolle fällt an, die *guards* an ihre Funktion zu erinnern, wenn z.B. zu viel und zu laut deutsch gesprochen wird. Fällt auf, dass eine Gruppe mit ihrer Ausarbeitung deutlich hinter den anderen liegt, erinnern Sie die Gruppe und die *guards* an ihre Aufgaben.

Auf Schülerfragen nach fehlendem Vokabular sollte auf die Wörterbücher verwiesen werden, zudem bleibt das deutsche Ohr taub. Reagieren Sie nur auf englische Anfragen (z.B.: *„Sorry, today I am so deaf on my German ear, can you say that in English, please."* oder *„Sorry, I am not a walking dictionary, go see for yourself in the dictionary over there."*).

Es liegt in Ihrem Ermessen, ob Sie sich zu der ein oder anderen Gruppe als *silent guest* dazusetzen oder dies gar für eine Weile bei allen Gruppen tun. Notwendig ist dies in Gruppen, die disziplinäre Probleme haben. Generell sollten Sie sich aber im Hintergrund halten, nicht ständig durch die Gruppen gehen, sondern bei längeren Arbeitsperioden nach einem Rundgang entweder eine stehende Position in einer Zimmerecke einnehmen, um diagonal Übersicht zu haben oder – ausnahmsweise – ggf. bei den Hilfsmitteln sitzen.

Das Sitzen des Lehrers hat für die Klasse in der Arbeitsphase eine nicht zu unterschätzende Signalfunktion: Im Sitzen ist die frontale Kontrolle eingeschränkt. Der Lehrer bzw. die Lehrerin befindet sich auf der gleichen „Ebene" mit den Schülern. So ist es nicht verwunderlich, dass normalerweise der Geräuschpegel besonders in Gruppenarbeitsphasen der Sek. I, aber auch noch in der Sek. II parallel zum „Abtauchen" des Lehrers ansteigt. Sinnvoll ist ein gemäßigter Wechsel zwischen „Zurücknehmen" durch Sitzen (am Pult oder in der Gruppe) und „Präsentsein" durch ruhiges, dosiertes Gehen und Stehen.

3. Präsentationsphase

Bei der Präsentation sollten die Schülerinnen und Schüler möglichst ihre Kenntnisse des Präsentierens umsetzen. Je unerfahrener die Klasse ist, desto wichtiger ist die *feedback*-Phase. Hinweise auf Verbesserungen im Hinblick auf rhetorische Fertigkeiten und Fähigkeiten sollten nicht gleich eingeschaltet werden, sondern erst in der Besprechungsrunde.

4. Feedbackphase (Besprechungsphase)

Bei der Präsentation sollte die Klasse nicht einfach passives Publikum sein. Es reicht nicht und ist in den meisten Fällen auch völlig unangebracht, nach einer Präsentation einfach nur zu applaudieren und ohne Reflexion ein auch noch so mageres Ergebnis mit „Good!" als Lehrerin oder Lehrer enthusiastisch zu loben. Vielmehr sollte ein kriterienbezogener Kommentar von den Mitschülerinnen und -schülern erfolgen. Dies kann nach jeder einzelnen oder bei vergleichbaren Themen nach mehreren Gruppenpräsentationen anhand von *evaluation sheets* erfolgen (KV 13, S. 52; KV 15, S. 54). Sowohl Lehrer als auch Zuschauer haben einen Beobachtungsbogen vor sich, anhand dessen sie später ein fundiertes Urteil geben können. Dazu ist viel Zeit für Nachfragen, Verbesserungsvorschläge, Verständnisfragen etc., die sich aus den Beobachtungen ergeben, einzuräumen. Erst danach ist die Gruppenarbeit effektiv und zur Zufriedenheit aller vollendet und eine Notenfindung kann wesentlich gerechter erfolgen.

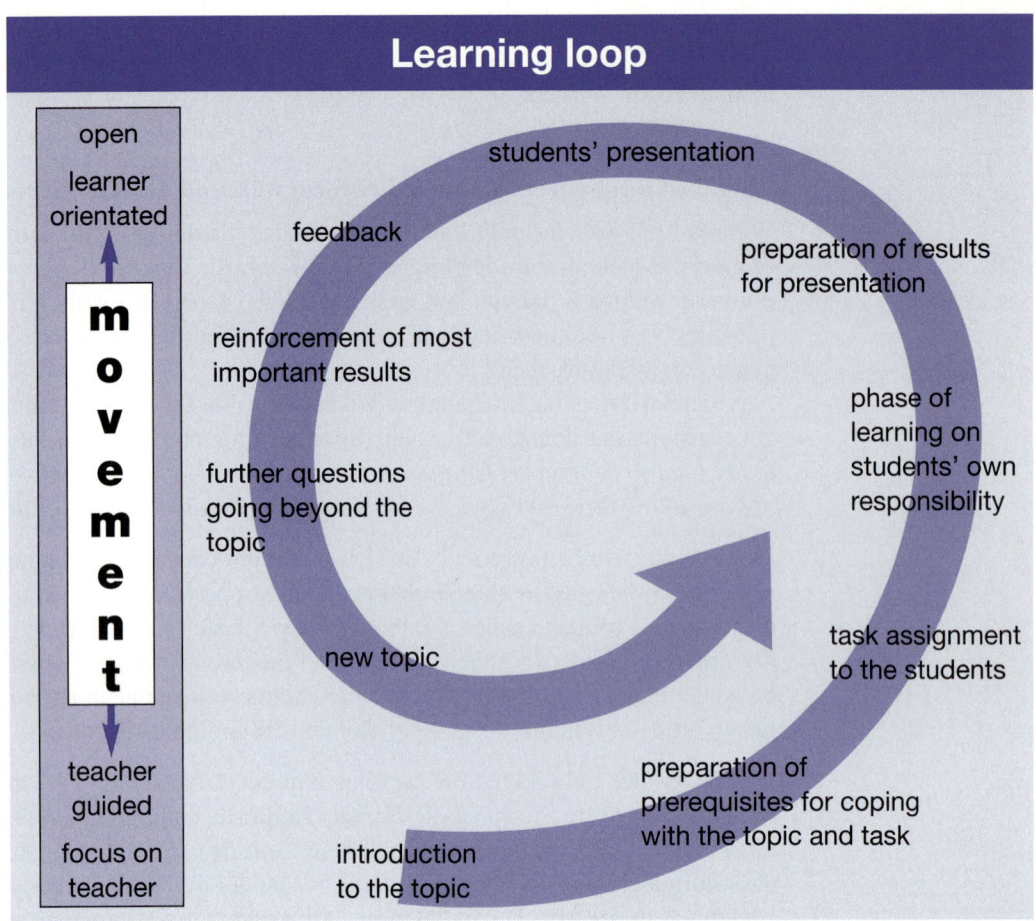

Learning loop

open
learner
orientated

movement

teacher
guided

focus on
teacher

students' presentation

feedback

preparation of results
for presentation

reinforcement of most
important results

phase of
learning on
students' own
responsibility

further questions
going beyond the
topic

new topic

task assignment
to the students

preparation of
prerequisites for coping
with the topic and task

introduction
to the topic

from Wolfgang Mattes: Methoden für den Unterricht.
75 kompakte Übersichten für Lehrende und Lernende.
Paderborn: Schöningh, 2002, p. 3. Translated by Karola Schallhorn

Evaluation (Leistungsmessung)

Der Evaluationsbogen (KV 15, S. 54) bietet eine Auswahl an Kriterien, aus der Sie sich einen individuell auf die jeweilige Aufgabenstellung abgestimmten Bewertungsbogen zusammenstellen können. Die in Teil I aufgelisteten Aspekte bewerten dabei das dargebotene Ergebnis, die Stichpunkte in Teil II hingegen den persönlichen Lernfortschritt der einzelnen Schülerin oder des einzelnen Schülers. Soll lediglich das Endprodukt der Arbeit bewertet werden, kann auf diesen zweiten Teil gänzlich verzichtet werden.

Die Evaluationsvorschläge sind in englischer Sprache ausgearbeitet, damit sie als Grundlage für ein – in der Fremdsprache geführtes – Evaluationsgespräch im Anschluss an die Präsentation verwendet werden können.

Der Evaluationsbogen gibt bewusst keine Notenskala, sondern lediglich eine Einteilung in ++ (sehr gut), + (gut), 0 (mittel), – (weniger gut) und – – (schlecht) an, da eine detaillierte Bewertung anhand einer kompletten Noten- bzw. Notenpunkteskala im Laufe einer Präsentation äußerst schwierig ist. Die vergebenen Plus- bzw. Minuspunkte können jedoch im Anschluss beispielsweise anhand untenstehender Tabelle in eine Note umgerechnet werden.

überwiegend	Note	Notenpunkte
+ +; +	1; 1–2; 2	15; 14; 13
+	3	12; 11; 10
0	4	9; 8; 7
–	5	6; 5; 4
–; – –	5–6; 6	3; 2; 1; 0

Soll ein Aspekt (z.B. der Gebrauch von Medien) besonders berücksichtigt werden, so kann er relativ stärker gewichtet werden.

Workplan

Group:
Topic/Assignment:

Date	Product achievement	Plan of proceeding/work phases	Period of time	Aids

Record of group proceedings

Group:
Topic/Assignment:

Date	What have we done today (me/the others)?	What was difficult?/What didn't go well?	What went well?	What has to be done next/what has to be quickly improved?	How long did we use English only?

Observing a group presentation – evaluation sheet

Group: **Topic:**   **Date of presentation:**

	++	+	0	–	– –
Do you feel sufficiently informed on the subject?					
Notes:					
Could you recognize a clear structure?					
Notes:					
Was the language used appropriate?					
Notes:					
What do you think of the visual aids used (blackboard, handouts, transparencies, computer, etc)?					
Was it interesting and convincing?					
Notes:					
Did all members take part in it?					
Did they not just read from their papers?					
Was it within the time frame?					
Did they convince you with their presentation manner and body language?					

Observing a presenter

| Date of presentation: | | | Topic: | | | Presenter: |

	++	+	0	–	– –	Comments
Do you feel sufficiently informed on the subject?						
Could you recognize a clear structure in the presentation?						
Did the speaker show clearly when he/she was moving to a new point, e.g. by means of pauses, summarizing sentences or sign-posting?						
Did the language used make it difficult for you to follow the presentation?						
Were the visual aids (blackboard, handouts, transparencies, computer, etc) appropriate?						
What about the speed and fluency of the speaker?						
Was his or her manner of speaking appropriate? (very natural or only reading from the paper)						
How would you judge the body language of the speaker? (convincing – artificial)						
General comments on the presentation:						

Evaluationsbogen

I Presentation of results

credits	++	+	0	–	– –
① **structure:**					
beginning – main part – conclusion					
appropriate division into paragraphs or chapters					
logics					
② **contents:**					
appropriate use of sources					
clear definition of subject					
convincing conclusions					
correctness					
due consideration of related subjects					
③ **language:**					
appropriate					
correct grammar					
correct pronunciation					
without reading from the paper					

Evaluationsbogen

credits	++	+	0	–	– –
correct speed					
easy to understand					
correct pronunciation					
④ **creativity:**					
appropriate use and development of sources					
use of new ideas					
exciting interest and entertaining					
⑤ **body language:**					
natural gestures					
addressing the audience					
self-confidence					
⑥ **media:**					
appropriate use of media					
correct handling of media					
⑦ **time manage-ment:**					
necessary reduction of subject					

II Individual learning					
credits	**++**	**+**	**0**	**–**	**– –**
① **reaching of subject-related aims:**					
appropriate presentation of results					
time management (also during preparation)					
use of sources					
inclusion of related subjects					
② **strategies:**					
obtaining, analysis, evaluation, interpretation of sources and information					
use of appropriate methods					
presentation of results					
③ **communication:**					
use of convincing arguments					

© Schöningh Verlag, Best.-Nr. 041260-6

credits	++	+	0	–	– –
objective reactions in discussion					
ability to deal with conflicts					
④ **evaluation:**					
self-evaluation of results					
readiness to accept justified criticism and change results accordingly					
readiness to reflect on one's role in a group					

Group puzzle and group pyramid

Das *group puzzle* ist ein arbeitsteiliges Verfahren mit mehreren Gruppenneubildungen. Dabei kann in zwei oder drei Phasen gearbeitet werden. Die klassische Version sieht die Organisation der Schülerinnen und Schüler in einer Stammgruppe, dann in einer Expertengruppe und zuletzt wieder in der Stammgruppe vor.

Das hohe Kommunikationspotential, das die Methode bietet, ist eng gekoppelt an die Fähigkeit, im Team zu arbeiten. Alle müssen ihren Beitrag als Berichterstatter leisten und so werden alle integriert. Mit entsprechenden Schreibaufträgen kommt es neben der aktiven Kommunikation auch zu einem gesicherten Schreibprozess. Die Organisation mag kompliziert erscheinen, jedoch bietet sich das Gruppenpuzzle, wenn es diszipliniert abläuft und die Regeln beachtet werden, als „*time saver method*" gerade bei landeskundlichen Themen an. Es kann zum erfreulich schnelleren Vorankommen mit von Schülerinnen und Schülern häufig als „trocken" empfundenen Unterrichtsinhalten eingesetzt werden. Schließlich kann z.B. an mehreren Texten zu einer Problematik oder einem historischen Hintergrund zeitlich parallel gearbeitet werden.

Eine Variation des Gruppenpuzzles ist die Gruppenpyramide. Sie hilft die oft von beiden Seiten als unbefriedigend empfundene Behandlung von kreativen Produkten fruchtbarer zu gestalten, seien sie im Unterricht entstanden oder als Hausarbeit angefertigt. Anstelle des klassischen, monotonen Vorlesenlassens von Essays oder längeren kreativen Texten, wobei nur ein sehr kleiner Teil der Klasse überhaupt „drankommen" kann, können diese oft auch mit viel Fleiß erstellten Arbeiten durch das *group pyramid*-Verfahren weitaus besser gewürdigt und wiederum kommunikativ zum Nutzen der Klasse eingesetzt werden. Dabei werden die von den Schülerinnen und Schülern erarbeiteten Texte präsentiert, eingeschrieben und am Ende anhand bestimmter Auswahlkriterien auf das beste Ergebnis – dann ein Gruppenprodukt – selektiert (= Pyramidenform: an der Spitze steht nur noch ein Text, dessen Fundament mehrere Texte sind).

Ausführung im Unterricht

Ablauf eines klassischen Gruppenpuzzles

1. Die Klasse bildet Gruppen von je 4–6 Schülerinnen und Schülern. Die Gruppenmitglieder jeder Gruppe erhalten ein Merkmal (die Zahl 1–6 oder eine Farbe). Die erste Gruppe ist die Stammgruppe. Jeder Schüler und jede Schülerin der Gruppe erhält ein Aufgaben- und/oder Textblatt. Dabei erhalten jeweils die Schüler mit gleichem Kennzeichen (alle mit der Nr. 1, alle Roten etc.) die gleichen Materialien. Innerhalb der Stammgruppe haben also alle Schüler verschiedene Texte oder Aufgaben. In allen Stammgruppen sind aber die gleichen Materialien. Die Stammgruppen erhalten den Auftrag, sich über die Materialien innerhalb eines bestimmten zeitlichen Rahmens auszutauschen (Kurzinformation über Inhalt, Verständnisklärung, gemeinsames *brainstorming* über mögliche Lösungen etc.). (vgl. Abb. S. 60, Phase 1)

2. Nach der Frist sammeln sich die Schülerinnen und Schüler mit der gleichen Zahl oder der gleichen Farbe in eine neue Gruppe, die Expertengruppe. Hier sitzen nun alle mit dem gleichen Text oder der gleichen Aufgabe. Sie arbeiten nun intensiv an ihrem Auftrag, wobei sie die Meinung ihrer Stammgruppenmitglieder miteinbeziehen können. Nach längerer Bearbeitungszeit wird zum Wiedervereinigen mit der Stammgruppe aufgefordert. (vgl. Abb. S. 60, Phase 2)

3. In der Stammgruppe werden nun die Ergebnisse aus der Expertengruppe einander vorgestellt. (vgl. Abb. S. 60, Phase 3)

Beim Gruppenpuzzle wie auch bei der Variante Gruppenpyramide müssen mit den Schülerinnen und Schülern eindeutige Regeln vereinbart werden. Sie sollten daher zu Beginn die Gruppenbildungsphasen erklären und den Zweck: alle sprechen, alle schreiben. Die Wechsel von einer Gruppenform zur anderen müssen zügig erfolgen. Es wird erst mit der Bearbeitung der Aufgaben begonnen, wenn alle Gruppenmitglieder ihren Ergebnisbericht aus der vorangegangenen Gruppe vorgetragen haben. Für die zweite und dritte Gruppenphase müssen Sprecher oder Sprecherinnen innerhalb der Gruppe gewählt werden. Die Zeitvorgaben müssen eingehalten werden. Vereinbaren Sie ein Zeichen (Klatschen, Glocke, Klingel o. Ä.) als Signal für die Wechsel.

Zeitbedarf ▪ mindestens 90 Min.

Material ▪
- gleichwertige Texte
- Wörterbücher (englisch-englisch; ggf. deutsch-englisch)
- farbige Notizzettel
- ein Signal (Glocke, Klingel)

Mögliche Schwierigkeiten

Die Texte für die Bearbeitung in den Gruppen sollten möglichst gleichwertig sein. Die Schulbücher können nur bedingt Material liefern. Es ist nötig, Texte z.B. aus dem Internet für die Klasse aufzubereiten, sie didaktisch zu reduzieren und zu annotieren. Bei der Textwahl sollte auch bedacht werden, dass Textsorten wie formale Reden oder Briefe eine sprachliche Hürde bilden könnten. Anspruchsvolle Texte sollten daher eher kurz sein oder bereits vom Vokabular her im vorangegangenen Unterricht entlastet worden sein. Es gibt keine Möglichkeit, die Verteilung der Texte in Hinblick auf starke und schwache Schüler oder Schülerinnen zu steuern!

Ausführung einer Gruppenpyramide am Beispiel von „The Tell-Tale Heart" von Edgar Allan Poe

Inhalt und Interpretationsschwerpunkte

Siehe dazu die Ausführungen auf S. 15.

Unterrichtsverlauf

Die Schülerinnen und Schüler haben in der vorangegangen Stunde den Anfang der *short story* „The Tell-Tale Heart" von Edgar Allan Poe (KV 16, S. 61) gelesen und sprachlich sowie inhaltlich bearbeitet. Das Ende (KV 17, S. 63) wird ihnen vorenthalten. Als Hausarbeit sollen sie dieses schreiben. Der Umfang soll etwa ½ DIN-A4-Seite betragen.

Phase 1: Stammgruppe
Die Schülerinnen und Schüler lesen im Unterricht nun nicht ihre Hausarbeiten vor, sondern die Klasse wird in Gruppen eingeteilt. Jede Gruppe erhält einen farbigen Zettel. Bei fünfundzwanzig Schülerinnen und Schülern könnten Sie fünf gleich große Gruppen bilden. Jede Gruppe erhält einen farbigen Zettel, sodass eine rote, blaue, grüne, gelbe und weiße Stammgruppe entsteht. In jeder Gruppe sind völlig verschiedene Versionen des Textendes. Aus den individuellen Texten entwickelt die Gruppe nun ihre eigene „rote" oder „blaue" etc. Version. (vgl. Abb. S. 60, Phase 1)

Die erste Arbeitsanweisung lautet:

L: Read your story to the others. When the last one of you has read his or her story ending, take the story you liked best and work on it to improve it with other ideas or phrases from the others. You have 20 minutes. Each of you has to write down the new version of the best story on a separate sheet of paper!

Phase 2: Expertengruppe

Nach 20 Minuten fordern Sie nun die Schülerinnen und Schüler auf, ihre Gruppengeschichte zu nehmen und sich mit den anderen Schülerinnen und Schülern zu fünf neuen bunten Gruppen zu mischen. Jede Gruppe hat nun erneut fünf verschiedene Texte zur Begutachtung, nämlich jeweils die „rote", die „blaue" etc. Version. Es gilt nun, nicht noch einmal einen Gemeinschaftstext zu produzieren, sondern um die Auslese der besten Version. Dazu sollen die Schülerinnen und Schüler als „Experten" zunächst Kriterien entwerfen, nach denen sie die Versionen beurteilen wollen (*suspense, language, appropriate style* etc.). Wenn sie durch einen Gruppensprecher oder eine Gruppensprecherin ihre Siegerversion vorstellen, müssen sie auch umfassend begründen, warum ihre Wahl auf den entsprechenden Text fiel. (vgl. Abb. unten, Phase 2)

L: Read out the story from your first group. When the last one has read his or her story discuss which one is the best. Thereby take notes stating your criteria for voting that story the best.

For example: language – suspense – plot … You have 15 minutes.

Die Texte, die in der zweiten Phase ausgewählt wurden, werden für jede Gruppe kopiert.

Phase 3: Stammgruppe und Ergebnis

Danach erfolgt eine dritte Umgruppierung, eine Rückkehr in die Stammgruppen nach dem klassischen Prinzip. Die „rote", „blaue" etc. Gruppe kann nun die zuvor in der bunten Expertengruppe entwickelten Kriterien erneut anwenden und so eine endgültige Wahl treffen. Nach ca. 10 Minuten sollte der absolute Sieger gewählt werden können, wobei Gruppensprecherinnen oder -sprecher ihr Votum begründet darstellen sollen.

Anschließend kann Poes Originalende vorgespielt (Kassette) oder gelesen werden (KV 17, S. 63).

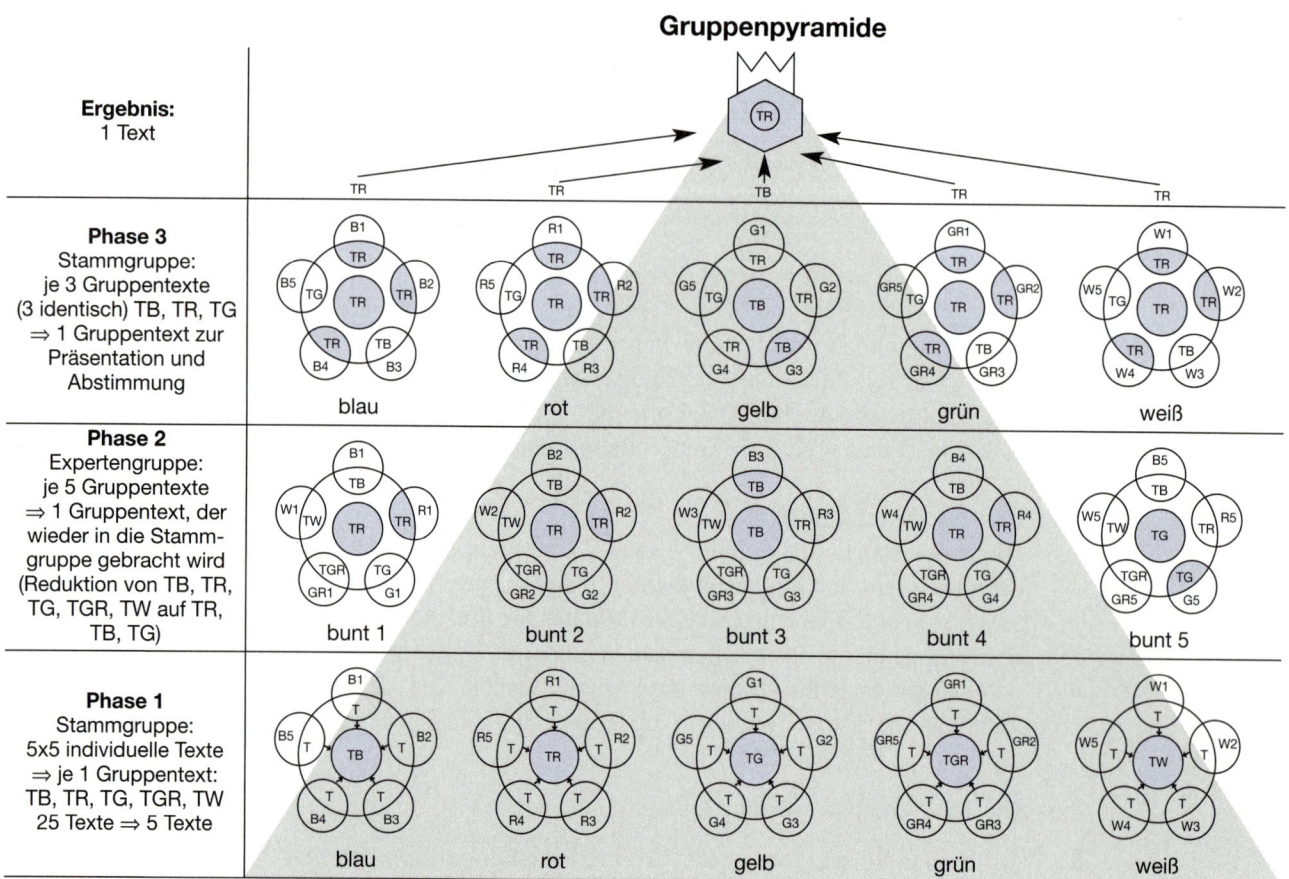

Gruppenpyramide

T = individueller Text; TB = Text Gruppe blau; TR = Text Gruppe rot; TG = Text Gruppe gelb; TGR = Text Gruppe grün; TW = Text Gruppe weiß
B_1 = Schüler 1 Gruppe blau (analog R, G, GR, W)

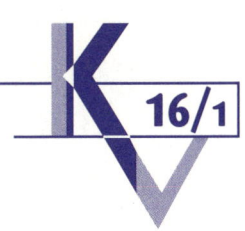
True! – nervous – very, very dreadfully nervous I had been and am; but why will you say that I am mad? The disease had sharpened my senses – not destroyed – not dulled[2] them. Above all was the sense of hearing acute. I heard all things in the heaven and in the earth. I heard many things in hell. How, then, am I mad? Hearken[3]! and observe how healthily – how calmly I can tell you the whole story.

It is impossible to say how first the idea entered my brain; but once conceived[4], it haunted[5] me day and night. Object there was none. Passion there was none. I loved the old man. He had never wronged me. He had never given me insult[6]. For his gold I had no desire. I think it was his eye! yes, it was this! He had the eye of a vulture[7] – a pale blue eye, with a film over it. Whenever it fell upon me, my blood ran cold; and so by degrees – very gradually – I made up my mind to take the life of the old man, and thus rid myself of[8] the eye forever.

Now this is the point. You fancy me mad. Madmen know nothing. But you should have seen *me*. You should have seen how wisely I proceeded[9] – with what caution[10] – with what foresight[11] – with what dissimulation[12] I went to work! I was never kinder to the old man than during the whole week before I killed him. And every night, about midnight, I turned the latch[13] of his door and opened it – oh so gently! And then, when I had made an opening sufficient[14] for my head, I put in a dark lantern, all closed, closed, so that no light shone out, and then I thrust in[15] my head. Oh, you would have laughed to see how cunningly[16] I thrust it in! I moved it slowly – very, very slowly, so that I might not disturb the old man's sleep. It took me an hour to place my whole head within the opening so far that I could see him as he lay upon his bed.

Ha! – would a madman have been so wise as this? And then, when my head was well in the room, I undid the lantern cautiously – oh, so cautiously – cautiously (for the hinges[17] creaked[18]) – I undid it just so much that a single thin ray[19] fell upon the vulture eye. And this I did for seven long nights – every night just at midnight – but I found the eye always closed; and so it was impossible to do the work; for it was not the old man who vexed[20] me, but his Evil Eye. And every morning, when the day broke, I went boldly[21] into the chamber, and spoke courageously to him, calling him by name in a hearty tone, and inquiring how he had passed the night. So you see he would have been a very profound[22] old man, indeed, to suspect that every night, just at twelve, I looked in upon him while he slept.

Upon the eighth night I was more than usually cautious in opening the door. A watch's minute-hand[23] moves more quickly than did mine.

Never before that night had I *felt* the extent[24] of my own powers – of my sagacity[25]. I could scarcely contain my feelings of triumph. To think that there I was, opening the door, little by little, and he not even to dream of my secret deeds or thoughts. I fairly chuckled[26] at the idea; and perhaps he heard me; for he moved on the bed suddenly, as if startled[27]. Now you may think that I drew back – but no. His room was as black as pitch[28] with the thick darkness (for the shutters[29] were close fastened, through fear of robbers), and so I knew that he could not see the opening of the door, and I kept pushing it on steadily, steadily.

I had my head in, and was about to open the lantern, when my thumb[30] slipped upon the tin[31] fastening[32], and the old man sprang up in bed, crying out – "Who's there?"

I kept quite still and said nothing. For a whole hour I did not move a muscle, and in the meantime I did not hear him lie down. He was still sitting up in the bed listening; – just as I have done, night after night, hearkening to the death-watches[33] in the wall.

---

[1] **tell-tale** revealing a secret – [2] **to dull** to make insensitive – [3] **to hearken** ['hɑːkən] old-fashioned: to listen – [4] **to conceive** [ˌkən'siːv] to form an idea, plan etc in the mind – [5] **to haunt** [hɔːnt] to follow sb like a ghost – [6] **insult** behaviour that hurts sb's feelings – [7] **vulture** ['vʌltʃə] bird that feeds on dead animals – [8] **to rid oneself of** to make oneself free from – [9] **to proceed** to act esp according to a plan – [10] **caution** care – [11] **foresight** consideration of future events – [12] **dissimulation** [dɪˌsɪmjuˈleɪʃn] the act of hiding the truth – [13] **latch** *Riegel* – [14] **sufficient** enough – [15] **to thrust in** to push in – [16] **cunning** good at deceiving, sly – [17] **hinge** *(Tür-)angel, Scharnier* – [18] **to creak** [kriːk] to make a harsh, squeaking sound – [19] **ray** narrow beam of light – [20] **to vex** to make angry or to annoy – [21] **boldly** confidently – [22] **profound** [prəˈfaʊnd] showing great understanding – [23] **minute-hand** *Minutenzeiger* – [24] **extent** size – [25] **sagacity** [səˈɡæsɪti] wisdom – [26] **to chuckle** ['tʃʌkəl] to laugh quietly – [27] **to startle** to give a sudden shock or surprise – [28] **pitch** *Pech* – [29] **shutter** movable cover for a window to keep out light – [30] **thumb** *Daumen* – [31] **tin** special sort of metal – [32] **fastening** device to close sth – [33] **death-watch** a small insect that eats into old wood, making sounds like a watch

Presently I heard a slight groan[34], and I knew it was the groan of mortal terror. It was not a groan of pain or of
75 grief[35] – oh, no! – it was the low stifled sound that arises from the bottom of the soul when overcharged[36] with awe[37]. I knew the sound well. Many a night, just at midnight, when all the world slept, it has welled up[38] from my own bosom, deepening, with its dreadful echo, the
80 terrors that distracted[39] me. I say I knew it well. I knew what the old man felt, and pitied him, although I chuckled at heart. I knew that he had been lying awake ever since the first slight noise, when he had turned in the bed. His fears had been ever since growing upon him. He had
85 been trying to fancy[40] them causeless[41], but could not. He had been saying to himself – "It is nothing but the wind in the chimney – it is only a mouse crossing the floor," or "it is merely a cricket[42] which has made a single chirp." Yes, he had been trying to comfort himself with these
90 suppositions: but he had found all in vain[43]. *All in vain;* because Death, in approaching him, had stalked with his black shadow before him, and enveloped[44] the victim. And it was the mournful[45] influence of the unperceived[46] shadow that caused him to feel – although he neither saw
95 nor heard – to *feel* the presence of my head within the room.

When I had waited a long time, very patiently, without hearing him lie down, I resolved to open a little – a very, very little crevice[47] in the lantern. So I opened it – you
100 cannot imagine how stealthily[48], stealthily – until, at length a single dim ray, like the thread of the spider, shot from out the crevice and fell full upon the vulture eye. It was open – wide, wide open – and I grew furious as I gazed[49] upon it. I saw it with perfect distinctness[50] – all
105 a dull blue, with a hideous[51] veil[52] over it that chilled[53] the very marrow[54] in my bones; but I could see nothing else of the old man's face or person: for I had directed the ray as if by instinct, precisely upon the damned spot.

And have I not told you that what you mistake for madness is but over-acuteness of the senses? – now, I say, 110 there came to my ears a low, dull, quick sound, such as a watch makes when enveloped in cotton. I knew *that* sound well, too. It was the beating of the old man's heart. It increased my fury[55], as the beating of a drum stimulates the soldier into courage. 115
But even yet I refrained and kept still. I scarcely breathed. I held the lantern motionless. I tried how steadily I could maintain the ray upon the eye. Meantime the hellish tattoo[56] of the heart increased. It grew quicker and quicker, and louder and louder every instant. The old 120 man's terror *must* have been extreme! It grew louder, I say, louder every moment! – do you mark me well? I have told you that I am nervous: so I am. And now at the dead hour of the night, amid the dreadful silence of that old house, so strange a noise as this excited me to uncon- 125 trollable terror. Yet, for some minutes longer I refrained and stood still. But the beating grew louder, louder! I thought the heart must burst. And now a new anxiety[57] seized me – the sound would be heard by a neighbour! The old man's hour had come! With a loud yell, I threw 130 open the lantern and leaped[58] into the room. He shrieked[59] once – once only. In an instant I dragged him to the floor, and pulled the heavy bed over him. I then smiled gaily[60], to find the deed so far done. But, for many minutes, the heart beat on with a muffled sound. This how- 135 ever, did not vex me; it would not be heard through the wall. At length it ceased[61]. The old man was dead. I removed the bed and examined the corpse[62]. Yes, he was stone, stone dead. I placed my hand upon the heart and held it there many minutes. There was no pul- 140 sation. He was stone dead. His eye would trouble me no more.

from E. A. Poe: Selected Tales.
London: Penguin, 1994, pp. 267–270

---

[34] **groan** sound expressing pain or fear – [35] **grief** extreme sadness – [36] **to overcharge** to make too full – [37] **awe** mixture of respect and fear – [38] **to well up** to rise from deep down – [39] **to distract** to take away attention – [40] **to fancy** to imagine – [41] **causeless** without a reason – [42] **cricket** *Grille* – [43] **in vain** without success – [44] **to envelope** to cover completely – [45] **mournful** very sad – [46] **unperceived** unseen or unheard – [47] **crevice** narrow opening – [48] **stealthily** secretly – [49] **to gaze** to look with concentration – [50] **distinctness** clearness – [51] **hideous** very ugly – [52] **veil** [veɪl] covering of transparent material worn by brides on the head – [53] **to chill** to make cold – [54] **marrow** substance that fills the hollow parts of bones – [55] **fury** extreme anger – [56] **tattoo** here: beating – [57] **anxiety** worry, fear – [58] **to leap** to jump – [59] **to shriek** to shout in a high voice – [60] **gaily** happily – [61] **to cease** [siːs] to stop – [62] **corpse** [ˈkɔːps] dead body

Edgar Allan Poe: The Tell-Tale Heart (Part 2)

If still you think me mad, you will think so no longer when I describe the wise precautions[1] I took for the concealment[2] of the body. The night waned[3], and I worked hastily, but in silence. First of all I dismembered[4] the corpse. I cut off the head and the arms and the legs. I then took up three planks from the flooring of the chamber, and deposited[5] all between the scantlings[6]. I then replaced the boards so cleverly, so cunningly, that no human eye – not even *his* – could have detected anything wrong. There was nothing to wash out – no stain of any kind – no blood-spot whatever. I had been too wary[7] for that. A tub[8] had caught all – ha! ha!

When I had made an end of these labours, it was four o'clock – still dark as midnight. As the bell sounded the hour, there came a knocking at the street door. I went down to open it with a light heart, – for what had I *now* to fear? There entered three men, who introduced themselves, with perfect suavity[9], as officers of the police. A shriek had been heard by a neighbour during the night; suspicion of foul play had been aroused; information had been lodged at the police office, and they (the officers) had been deputed[10] to search the premises[11].

I smiled, – for *what* had I to fear? I bade the gentlemen welcome. The shriek, I said, was my own in a dream. The old man, I mentioned, was absent in the country. I took my visitors all over the house. I bade them search – search *well*. I led them, at length, to his chamber. I showed them his treasures, secure, undisturbed. In the enthusiasm of my confidence, I brought chairs into the room, and desired them here to rest from their fatigues, while I myself, in the wild audacity[12] of my perfect triumph, placed my own seat upon the very spot beneath which reposed the corpse of the victim.

The officers were satisfied. My *manner*[13] had convinced them. I was singularly at ease[14]. They sat, and while I answered cheerily, they chatted of familiar things. But, ere long, I felt myself getting pale and wished them gone.

My head ached, and I fancied a ringing in my ears: but still they sat and still chatted. The ringing became more distinct: – it continued and became more distinct: I talked more freely to get rid of the feeling: but it continued and gained definiteness – until, at length, I found that the noise was *not* within my ears.

No doubt I now grew very pale; – but I talked more fluently, and with a heightened voice. Yet the sound increased – and what could I do? It was *a low, dull, quick sound – much such a sound as a watch makes when enveloped in cotton*. I gasped[15] for breath – and yet the officers heard it not. I talked more quickly – more vehemently; but the noise steadily increased. I arose and argued about trifles[16], in a high key[17] and with violent gesticulations; but the noise steadily increased.

Why *would* they not be gone? I paced[18] the floor to and fro[19] with heavy strides, as if excited to fury by the observations of the men – but the noise steadily increased. Oh God! what could I do? I foamed[20] – I raved[21] – I swore! I swung the chair upon which I had been sitting, and grated[22] it upon the boards, but the noise arose over all and continually increased. It grew louder – louder – *louder*! And still the men chatted pleasantly, and smiled. Was it possible they heard not? Almighty God! – no, no! They heard! – they suspected! – they *knew*! – they were making a mockery[23] of my horror! – this I thought, and this I think. But anything was better than this agony[24]! Anything was more tolerable than this derision[25]! I could bear those hypocritical smiles no longer! I felt that I must scream or die! and now – again! – hark! louder! louder! louder! *louder*!

"Villains!" I shrieked, "dissemble[26] no more! I admit the deed! – tear up the planks! here, here! – it is the beating of his hideous heart!"

from E. A. Poe: Selected Tales.
London: Penguin, 1994, pp. 270–272

---

[1] **precaution** [prɪˈkɔːʃən] *Vorsichtsmaßnahme* – [2] **concealment** act of hiding – [3] **to wane** to become gradually smaller – [4] **to dismember** to cut off the head, legs and arms of a dead body – [5] **to deposit** to put sth in a certain place – [6] **scantling** piece of wood the floorboards are nailed to – [7] **wary** cautious – [8] **tub** open container – [9] **suavity** confidence, elegance – [10] **to depute** to authorise – [11] **premises** [ˈpremɪsɪz] piece of land and all the buildings on it – [12] **audacity** [ɔːˈdæsɪti] willingness to take risks – [13] **manner** behaviour – [14] **to be at ease** to feel comfortable – [15] **to gasp** to draw in the breath sharply – [16] **trifle** sth unimportant – [17] **in a high key** in a high voice – [18] **to pace** to walk – [19] **to and fro** backwards and forwards – [20] **to foam** to produce bubbles from soap and water, here: to be very angry – [21] **to rave** to talk wildly or angrily – [22] **to grate** to rub sth into small pieces, usu against a rough surface – [23] **mockery** act of laughing at sb in an unfriendly way – [24] **agony** great suffering – [25] **derision** [dɪˈrɪʒən] mockery – [26] **to dissemble** to hide one's real thoughts or feelings

Radio play

Das *radio play*, das klassische Hörspiel, hat mit dem Drama zwar die dialogische Struktur gemeinsam, es unterscheidet sich von ihm aber dadurch, dass die nicht dialogisierte Handlung rein auditiv umgesetzt werden muss. Einer gut durchdachten Geräuschkulisse kommt dabei besondere Bedeutung zu. Die Schülerinnen und Schüler müssen sich daher neben dem Erarbeiten einer Textgrundlage mit dem Einsatz geeigneter Hintergrundgeräusche und ihrer technischen Umsetzung beschäftigen.

Das *radio play* kann ohne Textvorlage als kreative Schreibaufgabe zu einem gegebenen Thema oder als *post reading activity* nach der Lektüre und Interpretation eines Textes eingesetzt werden.

Ausführung im Unterricht

Das Erarbeiten eines Hörspiels umfasst zwei Arbeitsschritte. Zunächst muss ein Skript erstellt werden. Wird das *radio play* auf einer Vorlage aufgebaut, so sollten Sie darauf achten, dass diese bereits eine dialogische Struktur besitzt, d.h. eine gewisse Grundlage an Dialogen aufweist, die ausgebaut und ergänzt werden können.

Der Schreibaufgabe folgt die Aufnahme des Hörspiels. Der Kreativität im Bereich des Aufbaus einer entsprechenden Geräuschkulisse sind kaum Grenzen gesetzt, wobei ein übergroßes Maß an technischem Verständnis nicht erforderlich ist. Die Geräusche werden am besten nicht live, sondern über Kassette eingespielt.

Zeitbedarf ■ Für das Vorbereiten des Skripts und der Geräuschkulisse ist eine Doppelstunde, für die Aufnahme eine Stunde zu veranschlagen.

Material ■ Pro Gruppe werden zwei Kassettenrekorder benötigt, davon einer (mit dem aufgezeichnet wird) mit Mikrofon und Pausenfunktion.
Jede Gruppe braucht einen eigenen Raum für die Aufnahme.

Ausführung am Beispiel von „Cat in the Rain" von Ernest Hemingway

Inhalt und Interpretationsschwerpunkte Siehe dazu die Ausführungen auf S. 41 und den Text auf KV 10, S. 44.

Unterrichtsverlauf Die Kurzgeschichte soll in Gruppenarbeit in ein Hörspiel umgearbeitet werden. Da bei einer solchen Aufgabenstellung verschiedene Teilaufgaben zu bewältigen sind, ist es sinnvoll, eine Binnendifferenzierung innerhalb der einzelnen Gruppen vorzunehmen. Die Gruppen sollten zunächst ein grobes Konzept für ihr Hörspiel erarbeiten. Im Anschluss daran beschäftigt sich ein Teil der Gruppe mit der Ausarbeitung des Skripts, ein weiterer mit dem Aufbau einer geeigneten Geräuschkulisse und ein bis zwei Schüler beschäftigen sich mit der Aufnahmetechnik. Die Verfasser des Stückes sollten im Idealfall auch die Rollen sprechen, da sie am besten mit dem Inhalt vertraut sind.

Zur Verdeutlichung der Vorgehensweise kann folgender Ablaufplan über einen Tafelaufschrieb oder über Overheadfolie präsentiert werden.

Schedule

1) Organize your group:
   - pupils who write the text
   - pupils who prepare the sound effects
   - pupils who organize the recording (sound effects and radio play)

2) Draw up a rough outline of what you are going to write (all group members!).

3) Prepare your individual tasks.

4) Record your play.

Aufgabe

Rewrite Hemingway's "Cat in the rain" into a radio play. Prepare and carry out a recording.

Lösungs-vorschlag

FX:	Rain pouring down on the pavement, one can hear the waves.
HER:	I hate this rain and I hate this country! There is nobody to talk to, there is nothing to do, we have to stay in this little room all day long! You can't even watch people outside, because there is nobody there. The hotel-keeper is the only person here who seems to notice me. I'm so bored and so alone.
HE:	Don't you think you're overdoing things a bit? The weather has been nice all the time, only today there is a little rain. Yesterday you said you couldn't stand the heat any more. Just calm down. Relax. Why don't you read?
FX:	Steps, someone draws a curtain and opens a window. The rain and the waves get louder.
HER:	It just goes on and on. Look at the sky – like lead! *Pause.* Oh look, this is terrible. There is a poor kitty in the rain. It's soaked. I'm going down to get it.
HIM:	I'll do it.
HER:	No, I'll get it. The poor kitty out there trying to keep dry under a table.
FX:	The sound of someone turning on a bed. Steps.
HIM:	Don't get wet.
FX:	A door is opened and closed. The sound of steps on the stairs. Someone is pushing back a chair and getting up.
THE HOTEL-OWNER:	Good afternoon, Signora.
HER:	Il piove.
THE HOTEL-OWNER:	Si, si, brutto tempo. It's very bad weather.
FX:	Steps on tiles. Another door is opened. One can hear the rain again. Steps on tiles, an umbrella is opened.
THE MAID:	Il padrone sends this for Signora. You must not get wet.
HER:	Oh, thank you, I'll need it!
FX:	The sound of two people walking on a gravel path. The rain. The sound of chairs being moved around on tiles.

HER:	Here, kitty, kitty. Where are you. Where's kitty gone?
THE MAID:	Have you lost something, Signora?
HER:	There was a cat.
THE MAID:	A cat?
HER:	Si, il gatto.
THE MAID:	A cat? *Laughs.* A cat in the rain?
HER:	Yes, under the table. Oh, I wanted it so much. I wanted a kitty.
THE MAID:	Come, Signora. We must go back inside. You will be wet.
HER:	I suppose so.
FX:	Steps on the gravel path. A door is opened.
THE MAID:	Good afternoon, Signora.
FX:	The sound of an umbrella being opened and closed quickly a couple of times to shake off the water. Steps on tiles, then on the stairs. Another door is opened. Steps. Someone turning on a bed.
HIM:	Did you get the cat?
HER:	It was gone.
HIM:	I wonder where it went to.
FX:	The sound of someone sitting down on a bed.
HER:	I wanted it so much. I don't know why I wanted it so much. I wanted that poor kitty. It isn't any fun to be a poor kitty out in the rain.
FX:	Steps, someone sits down on a chair.
HER:	Don't you think it would be a good idea if I let my hair grow out?
HIM:	I like it the way it is.
HER:	I get so tired of it. I get so tired of looking like a boy.
FX:	The sound of someone turning on a bed.
HIM:	You look pretty darn nice.
FX:	Steps. A curtain is drawn.
HER:	It is already getting dark. What a day! – I don't like this life any more. I want so many things. I want things to be different. I want to pull my hair back tight and smooth and make a big knot at the back that I can feel. I want to have a kitty to sit on my lap and purr when I stroke her. And I want to eat at a table with my own silver and I want candles. And I want it to be spring and I want to brush my hair out in front of a mirror and I want a kitty and I want some new clothes.
HIM:	Oh, shut up. I've told you, get something to read.
HER:	Anyway, I want, a cat. I want a cat now. If I can't have long hair or any fun, I can have a cat.
FX:	A knock at the door.
HIM:	Avanti.
FX:	The sound of a door opened.
THE MAID:	Excuse me, the padrone asked me to bring this for Signora.
FX:	The sound of a cat miaowing.

(Fx = special effect)

66

Hot seat

Der „heiße Stuhl" ist ein Kommunikationsspiel, bei dem in der klassischen Form eine Schülerin oder ein Schüler in die Rolle einer fiktiven Person schlüpft und vom Rest der Klasse in Hinblick auf deren Handlungen, Vorstellungen, Unterlassungen usw. inquisitorisch befragt wird.

Ausführung im Unterricht

Die Übung bietet sich nach einer Texterschließungsarbeit an, kann aber auch bei einer Ganzschriftlektüre an Stellen angewandt werden, an denen ein Charakter über seine Beziehung(en) zu anderen Personen in der Geschichte oder seine Vorhaben, mögliche Reflexionen etc. befragt werden kann und so für einen Moment aus dem Text heraustritt, von den Schülerinnen und Schülern textgestützt fantasievoll ausgestaltet wird, um anschließend im weiteren Textverlauf facettenreicher interpretiert werden zu können. Als *post reading activity* setzen die Schülerinnen und Schüler bereits erarbeitetes Textverständnis und Interpretation zu einem Spiel mit wachsender Eigendynamik um.

Für die Rolle des Befragten können Freiwillige rekrutiert werden. In sehr kommunikationsfreudigen und sprachgewandten Klassen ist dies möglich. Erfahrungsgemäß ergibt aber eine solche spontane Aktion, auch wenn ein *native speaker* in der Klasse vorhanden wäre, jedoch meist nicht die gewünschte „heiße" Diskussion. Daher ist eine Vorphase einzuschalten, in der die Schülerinnen und Schüler zunächst ihre Fragen entwerfen und eine Gruppe eine Schülerin oder einen Schüler argumentativ und „moralisch" aufbaut.

Zeitbedarf ■ max. eine Unterrichtsstunde (45 Min.)

Vorbereitung ■ • Stühle im Halbkreis oder in Hufeisenform anordnen.
• Der *hot seat* muss vor der Klasse platziert sein, möglichst von allen gleich gut zu sehen (ideal wäre ein Podest o.Ä.).

Ausführung am Beispiel von „Cat in the Rain" von Ernest Hemingway

Inhalt und Interpretationsschwerpunkte
Siehe dazu die Ausführungen auf S. 41 und den Text auf KV 10, S. 44.

Unterrichtsverlauf
Die Wortschatzarbeit kann vorab oder sukzessiv mithilfe der *annotations* erfolgen (KV 10, S. 44). Die Kürze der Geschichte erlaubt ein zusammenhängendes Lesen, sodass Sie nach der Gesamtlektüre nach dem Textverständnis fragen können. Je nachdem wie stark das Abstraktionsvermögen einzelner Schülerinnen oder Schüler ausgeprägt ist, wird vielleicht schon beim Einholen einer knappen Zusammenfassung das Problem (Ehekrise – Kinderwunsch – Desinteresse eines egoistischen Partners) umrissen worden sein.

In diesem Fall können Sie mit der Charakterisierung der Hauptpersonen fortfahren, um die These, dass das Paar in einer Krise steckt und womöglich vor der Trennung steht, zu erhärten und so die Ausgangsbasis für den *hot seat* schaffen. Die Charakterisierung des *padrone* trägt zum Verständnis der Bedürfnisse der Frau bei. Deren Verhalten und Wunschäußerungen werden für die Befragung von George grundlegend sein. George selbst kann anhand des Textes als *lazy, selfish, egotistical, male chauvinist, ignorant, careless* etc. charakterisiert werden. Sollten Sie die Geschichte detaillierter auf stilistische Merkmale und die Symbolik hin behandeln wollen, so sollte dies unbedingt vor der *hot seat activity* integriert werden.

Dabei kann auf den typischen Stil Hemingways eingegangen werden:
- stakkato- oder telegrammartiger Stil besonders zur Betonung von bedeutungsvollen Passagen wie hier mit Anapher- und Neologismusbildung [*Liking him ...*]: *She liked the hotel-keeper. ... the wife liked him. She liked the deadly serious way ... She liked the way he wanted to serve her. She liked the way he felt about being a hotel-keeper. She liked his old, heavy face ... Liking him she opened the door.* (KV 10, S. 44, Z. 34–42)

Dem hohen Symbolgehalt kann hier nicht Rechnung getragen werden, er sei nur kurz angerissen:
- Symbolik/Kontrast: Der Regen an dem paradiesartigen Ort steht für die Krise in der bislang wohl harmonischen Beziehung.
- Symbolik: Die Katze steht einerseits für den Wunsch nach einem Kind, aber auch für die Frau selbst, die einen warmen Ort, also Ruhe und Geborgenheit in ihrer Beziehung sucht.
- der *padrone*, die Vaterfigur, die der Frau bewusst macht, was ihr fehlt. Der Schirm, den er ihr zum Schutz vor dem Regen schicken lässt, verstärkt diesen Eindruck noch.

Nach dieser traditionellen Texterschließung erfolgt als *post reading activity* der *hot seat*. Ein idealer Übergang dazu wäre, wenn die Interpretationsarbeit damit schließen könnte, dass Sie der Klasse die Frage stellen, wie es mit dem amerikanischen Paar wohl weitergehen wird:

L: What do you think: how will the two go on?

S: George will throw the cat out of the window.
She is happy and tells George that she wants to have a baby, but he will call her crazy …

L: Well, let's ask George about his ideas – we can ask him by putting him on the "hot seat". That works this way: one of you will be George and the others are going to ask you really tough questions.
Before we start we are going to gather in groups: are there any students who could play George the way we described him?

Diese Schülerinnen und Schüler können in einer Extragruppe arbeiten und am Ende entscheiden, wer von ihnen auf den „heißen Stuhl" geht.

L: The others gather in groups of five and think about some good questions. Take care that they must be answered with complete sentences and not simply with "yes" or "no". Write them down – everybody.

(Dies, um zu gewährleisten, dass alle alles aufschreiben.)

Geben Sie 10–12 Minuten Zeit, gehen Sie kurz vor Ablauf zu der „George"-Gruppe und lassen Sie sich den Darsteller nennen. Rufen Sie dann alle auf, sich in einen Halbkreis zu setzen. Der Darsteller setzt sich in die Mitte vor die Klasse. Eröffnen Sie den *hot seat*:

L: Hello, George, thanks for coming. You know we are very much interested in you and your wife. You are allowed to say "no comment" only once, all the other questions must be answered truthfully. Now, who wants to start ? …

S: Mögliche Schülerfragen:
- George, do you love your wife?
- What was the real reason you didn't get up and fetch that cat for her?
- Was that book so interesting that you ignored her conversation in such a rude way?
- Did you grasp why she wanted that cat so much?
- Why do you think she wanted that kitty so much?
- Why do you want her to look like a boy?
- Do you want children?
- Do you intend to settle down and build a home for you and her?
- Would you be surprised if she left you and got a divorce?

Fishbowl

Die *fishbowl* ist eine anspruchsvollere Form der Diskussion. Vier bis sechs Schülerinnen und Schüler sitzen dabei wie „Fische" in einem Goldfischglas im Innenkreis, wobei die anderen zunächst als Beobachter das Gespräch der „Fische" verfolgen. Wie durch das Glas getrennt, darf keine Kommunikation zwischen innen und außen stattfinden. Es gibt die Möglichkeit, dass Beobachter zu dem Innenkreis kurzfristig dazutreten. Die Beobachterinnen und Beobachter können entweder mit gezielten Beobachtungsaufträgen bedacht werden oder nach einiger Zeit die „Fische" ersetzen.

Um das Gespräch von Anfang an in Schwung zu bringen, ist es ratsam, die redegewandtesten Schülerinnen oder Schüler zuerst in die *bowl* zu nehmen. Für diese ist es eine Gelegenheit, frei zu sprechen und ihre Fähigkeiten einzusetzen. Die Variation der *fishbowl* ermöglicht es aber auch schwächeren Schülerinnen und Schülern zunächst quasi von der „Ersatzbank" aus zuzusehen und zuzuhören, um sich dann an geeigneter Stelle einzuschalten. Wenn sie vom Moderator aufgefordert werden, in die *bowl* zu kommen, werden sie durch das Beobachten schon weniger Scheu vor dem Aktivwerden in und vor der Gruppe haben.

Es liegt in Ihrem Ermessen, wie viel Raum Sie zum „Zurückziehen" in die Beobachterrolle geben. Die generelle Aufgabe derer vor dem Glas, nämlich das *feedback* über das Gesehene und Gehörte zu geben, muss auf alle Fälle eingefordert werden, sodass alle Schülerinnen und Schüler zu kontinuierlicher Aufmerksamkeit verpflichtet sind. Am besten sichert man dies durch die Vergabe von speziellen Beobachtungsaufträgen oder Evaluationsbogen mit Beobachtungskriterien, die im Anschluss eine Bewertung der Präsentation im Plenum ermöglichen (KV15, S. 54).

Besonders geeignet sind Themen wie: *Can we get hooked on the internet? How was life possible before the mobile phone?* Neben dem Einsatzort in landeskundlichen Themen, die Stoff für Pro- und Contra-Diskussionen bieten, können aber auch literarische Stoffe reizvoll besprochen und Interpretationsmöglichkeiten kontrovers diskutiert oder erst im Gespräch herausgearbeitet werden.

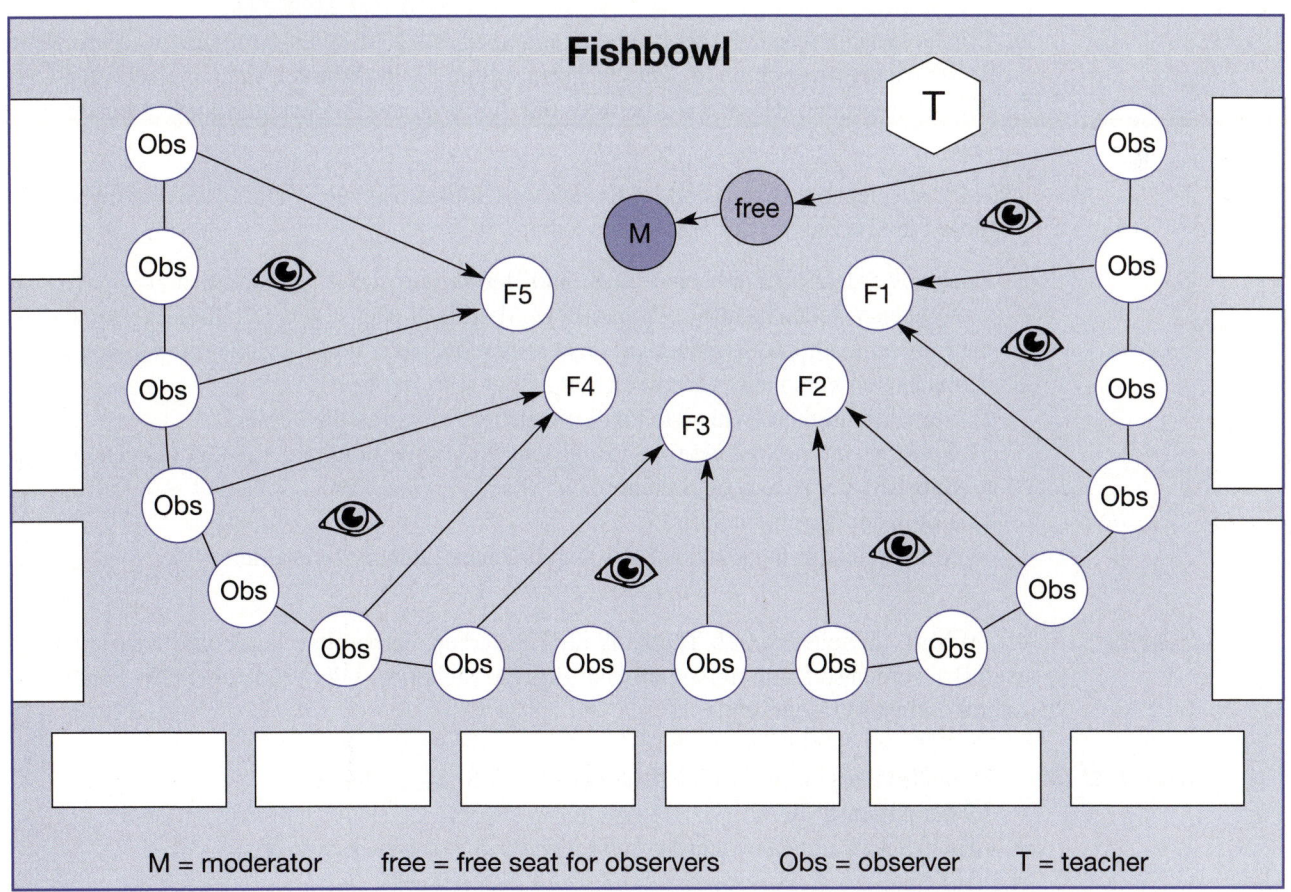

Fishbowl

M = moderator   free = free seat for observers   Obs = observer   T = teacher

Ausführung im Unterricht

1. Die Klasse erhält die Aufgabe, ein Thema zu diskutieren.
   Stellen Sie das Thema vor und klären Sie das Globalverständnis.

2. Um die Methode in Klassen, in denen sie noch nicht eingeübt ist, vorzustellen, kann eine Folie (siehe Abb. auf S. 69) benutzt werden.

3. Gruppeneinteilung: Zur Vorbereitung wird die Klasse in Kleingruppen eingeteilt, am besten der Anzahl der späteren Fische entsprechend. Geben Sie an, wie viele Argumente mindestens gefunden werden sollten. Die „Fische" sollen in den Gruppen bestimmt werden.

4. Sitzordnung herstellen: Nach ausreichender Zeit sollen die Schülerinnen und Schüler die Tische beiseite schieben und die in der Gruppe gewählten „Fische" platzieren ihre Stühle in der Mitte des Zimmers. Ein Stuhl für den Moderator oder die Moderatorin und ein „Freiplatz" werden dazugestellt. Die übrigen Schülerinnen und Schüler verteilen sich im Halbkreis um die Sitzgruppe in der Mitte.

5. Regeln:
   a) Die „Fische" dürfen nicht mit den Beobachtern kommunizieren. Die Beobachter dürfen allerdings ihre Beiträge leisten, indem sie sich auf den freien Platz begeben und noch einen „Fischbeitrag" abwarten, um dann gehört zu werden. Die Regeln können nun entweder so gehandhabt werden, dass der Beobachter den Kreis sofort wieder verlassen muss, sodass sein Beitrag nur einen neuen Impuls gegeben hat. Oder aber er bleibt so lange, bis z.B. seine Frage zufriedenstellend von den Fischen beantwortet wurde.
   b) Der Moderator oder die Moderatorin achtet darauf, dass alle Fische zu Wort kommen und fordert auch die „stillen" auf, ihren Beitrag zu leisten. Er achtet auf die möglichst gleiche Verteilung der Redeanteile. Zudem hat er oder sie dafür zu sorgen, Wiederholungen zu vermeiden und wenn die Fische „hängen", d.h. an einen toten Punkt kommen, einen neuen Impuls in die Runde zu bringen oder dafür einen Beobachter hereinzuholen. Auch ist es möglich, dass die Fische nach einer bestimmten Zeit ganz auf Geheiß des Moderators oder der Moderatorin ausgetauscht werden.

6. Das Gespräch zwischen den Fischen kann auf 5 bis 7 Minuten terminiert werden, wenn *kein* Wechsel vorgesehen ist. Mit Wechseln sollten 15–20 Minuten nicht überschritten werden, da in großen Klassen einige wohl durchgehend nur Beobachterfunktion haben werden.

7. Nach ausgiebiger Diskussion in der *fishbowl* sollten Sie zuerst alle Fische befragen, wie diese die Situation in der *bowl* erlebt haben.

8. Danach werden die Beobachterinnen und Beobachter um ihren Kommentar zur Diskussion gebeten. Je nach Auftragssituation werden sie zunächst generell ihren Eindruck über die Lebendigkeit und Ergiebigkeit des Gesprächs geben und spezieller zu den von ihnen beobachteten Personen in Hinblick auf:
   a) Sprachrichtigkeit (wie viele Fehler; welcher Art waren die Fehler?)
   b) Sprache (Intonation, klang es „Englisch"?; Geschwindigkeit; Verständlichkeit)
   c) Substanz der Aussagen, Inhalte
   d) Logik der Argumentation
   e) Mimik/Gestik (hektisch, nervös, angebrachtes Lachen, zu exaltiert ...)

Zeitbedarf 45–90 Min. (je nachdem, ob Thematik als Hausarbeit vorbereitet wurde und wie detailliert evaluiert werden soll, d.h. mit inhaltlicher Ergebnissicherung oder größerem Schwerpunkt auf Interaktion und Präsentation)

Material
- Evaluationsbogen für die Beobachter (KV 15, S. 54) und/oder
- Moderator card (KV 19, S. 74)
- Arbeitsblätter mit Beobachtungsaufgaben für die *observer* (KV 20, S. 75)

Mögliche Schwierigkeiten

Die *fishbowl* ist besonders für kleine Lerngruppen geeignet. In großen Klassen funktioniert die Methode erfahrungsgemäß nur mit „Beschäftigungsmaßnahmen" für die Beobachter, also auf alle Fälle sollten Sie Auswertungsbogen oder Beobachtungsaufgaben vorbereiten und genügend Zeit für die „Feedback"-Runde durch die Beobachter einplanen, sonst läuft die Aktion leicht auf ein Vierergespräch mit „Nebengeräuschen" eines gelangweilten, schwätzenden Publikums ab.

Ausführung am Beispiel von „The Baby" von Donald Barthelme

Inhalt und Interpretationsschwerpunkte

„The Baby" ist eine satirische *short short story*. Das Baby Born Dancin' reißt Seiten aus Büchern und wird dafür vom Vater allein in seinem Zimmer eingeschlossen. Da das Kind das Ausreißen nicht bleiben lässt, steigt das Strafmaß auf tagelanges Eingeschlossensein. Die Mutter veranlasst am Ende den unbeugsamen, prinzipienverhafteten Vater, doch eine Änderung herbeizuführen, da der Gesundheitszustand des Kindes bedrohlich schlecht ist. Am Ende der Geschichte zieht er mit dem Kind durch die Straßen und wirft Fensterscheiben ein.

Die Satire überzeichnet das rigide Erziehungsideal des konformistischen Vaters zu Regelhörigkeit und dessen Untertanenmentalität. Ihre Pointe gründet im Umschlagen des väterlichen Verhaltens vom biederen Konformismus zum nahezu anarchistischen Liberalismus. Diskussionspotential bieten die Pole bürgerliche Erziehung versus Laisser-faire bzw. antiautoritäre Erziehung.

Unterrichtsverlauf

In Anschluss an die Lektüre der *short short story* „The Baby" (KV 18, S. 73) bietet sich eine Diskussion zum Thema Kindererziehung an. Die Fragestellung ist absichtlich offen und kann natürlich auch unabhängig von der Textlektüre im Rahmen einer Einheit über Schule, Eltern, Erziehung und dergleichen zur handlungsorientierten Auflockerung des Unterrichts dienen.

Inhaltlich kann erwartet werden, dass die Schülerinnen und Schüler dabei gerne ihre Erfahrungen mit den eigenen kleinen Geschwistern einbringen. Sie berichten z.B. über Beobachtungen auf dem Schulhof und Schülerverhalten, das sie selbst auf die „Erziehung zu Hause" zurückführen. Sie reflektieren dabei ihre eigene häusliche Situation und entwerfen zukünftige Verhaltensregeln, falls sie einmal selbst Eltern wären. An die Schule stellen sie oft überraschende Forderungen z.B. nach mehr „Strenge" und sind häufig „entrüstet" über das pubertäre Verhalten der Unterstufen- und Mittelstufenschüler und -schülerinnen.

L: Discuss the topic "Should children be allowed to do whatever they want to do?" in a fishbowl.

Stellen Sie den Schülerinnen und Schülern nach Vorstellung des Themas die Methode mithilfe der Abbildung auf S. 69 vor. Es sollen sechs Schülerinnen und Schüler als Fische in die Mitte. Bilden Sie daher sechs gleich große Gruppen.

Die Gruppen sollen nun innerhalb von 15 Minuten Argumente sammeln. Sie können, um die Diskussion lebendiger zu machen, bestimmen, dass die eine Hälfte der Gruppen „Ja"-Argumente, die andere „Nein"-Argumente sammelt. Nach 15 Minuten sollen die Gruppen je einen Vertreter oder eine Vertreterin als „Fisch" bestimmen.

Lassen Sie die Tische wegrücken und die Sitzordnung der *fishbowl* schaffen. Stellen Sie noch zwei Stühle zusätzlich zu den Fischen. Einen für den Moderator und einen für hinzutretende Beobachter. Wenn die Fische und die Beobachter sitzen, fragen Sie nach einem Moderator. Wenn dieser gefunden ist, erhält er die *moderator card* (KV 19, S. 74) mit Anweisungen für den Ablauf. Er liest diese allen vor.

Die *observer* erhalten die Aufgabe, sich Notizen zu den von den Fischen geäußerten Argumenten zu machen und auch auf bestimmte Dinge zu achten, die auf einem Arbeitsblatt verzeichnet sind. Dieses sollte ein *observer* zunächst für alle laut vorlesen, damit die Fische wissen, worauf es ankommt. Weisen Sie jedem Fisch eine etwa gleiche Anzahl von *observern* zu, die diese im Hinblick auf Kriterien, die sie als Arbeitsblatt (KV 20, S. 75) erhalten, beobachten sollen. Danach kann der Moderator oder die Moderatorin das Gespräch mit dem Hinweis eröffnen, kurz zu sagen, welcher Meinung man ist (kurze Vorstellungsrunde) um anschließend in die Argumentation einzusteigen.

Die Schülerinnen und Schüler im Innenkreis sollten zunächst kurz ihre Position darlegen (ja oder nein). In der zweiten Runde können sie mit ihren Argumenten beginnen. Der oder die Moderierende sollte darauf achten, dass die „Fische" nicht nur Argumente aneinander vorbei herunterlesen, sondern auf die jeweiligen Beiträge eingehen. Die *observer* sollten sich in das Gespräch einbringen, wenn sie meinen, ein Punkt wird erwähnt, der sie besonders interessiert, zu dem sie etwas beizutragen haben, den sie meinen richtig stellen zu müssen oder den sie bislang im Gespräch vermisst haben.

Die *fishbowl* ist zu Ende, wenn die Argumente ausgehen. Es sollte ca. 15 Minuten gesprochen worden sein. Die „Fische" bleiben in der Mitte sitzen und werden nun zuerst nach ihrem Befinden vom Lehrer oder der Lehrerin befragt:

L: How did you feel sitting there as a fish?

Idealerweise sollten die Beobachter kurz Gelegenheit bekommen, sich in der Kleingruppe über ihren „Fisch" auszutauschen und evt. ein gemeinsames Urteil zu finden, wobei dies nicht unbedingt erforderlich ist. Wichtig ist, dass die Schülerinnen und Schüler merken, wie unterschiedlich ihre individuellen Wahrnehmungsweisen sein können. Nach der kurzen Beratung sollte dann keiner der „Fische" „verrissen" werden, sondern es sollten möglichst Stärken und Schwächen benannt werden, es sollte gelobt werden und Rat zur Verbesserung erteilt werden. Danach erst ist die *fishbowl activity* abgeschlossen.

In Klassen, in denen nur schwer in Gruppenformen gearbeitet werden kann, kann es nützlich sein, die Beobachter noch mehr zu fordern. Dazu müssen sie die Argumente ihrer Fische notieren. Einer von ihnen notiert diese auf eine Folie, die bei der Besprechung zur Wiederholung der Klasse gezeigt wird und die entweder alle abschreiben oder die den Schülerinnen und Schülern nach erfolgter Korrektur kopiert und in der nächsten Stunde ausgehändigt wird. So ist einerseits die Beobachterrunde intensiver beschäftigt, andererseits ist auch eine schriftliche Ergebnissicherung des Gesprächsstoffes gewährleistet.

The first thing the baby did wrong was to tear pages out of her books. So we made a rule that each time she tore a page out of a book she had to stay alone in her room for four hours, behind the closed door. She was tearing
5 out about a page a day, in the beginning, and the rule worked fairly well, although the crying and screaming from behind the closed door were unnerving. We reasoned that that was the price you had to pay, or part of the price you had to pay. But then as her grip[1] improved she got to
10 tearing out two pages at a time, which meant eight hours alone in her room, behind the closed door, which just doubled the annoyance[2] for everybody. But she wouldn't quit[3] doing it. And then as time went on we began getting days when she tore out three or four pages, which
15 put her alone in her room for as much as sixteen hours at a stretch[4], interfering[5] with normal feeding and worrying my wife. But I felt that if you made a rule you had to stick to[6] it, had to be consistent[7], otherwise they get the wrong idea. She was about fourteen months old or fifteen
20 months old at that point. Often, of course, she'd go to sleep, after an hour or so of yelling, that was a mercy. Her room was very nice, with a nice wooden rocking horse[8] and practically a hundred dolls and stuffed animals. Lots of things to do in that room if you used your time wise-
25 ly, puzzles and things. Unfortunately sometimes when we opened the door we'd find that she'd torn more pages out of more books while she was inside, and these pages had to be added to the total, in fairness.
But it didn't do any good.
30 I must say she got real clever. You'd come up to her where she was playing on the floor, in those rare times when she was out of her room, and there'd be a book there, open beside her, and you'd inspect it and it would look perfectly all right. And then you'd look closely and you'd find a
35 page that had one little corner torn, could easily pass for ordinary wear-and-tear[9], but I knew what she'd done, she'd torn off this little corner and swallowed[10] it. So that

had to count and it did. They will go to any lengths[11] to thwart[12] you. My wife said that maybe we were being too rigid[13] and that the baby was losing weight. But I pointed
40 out to her that the baby had a long life to live and had to live in the world with others, had to live in a world where there were many, many rules, and if you couldn't learn to play by the rules you were going to be left out in the cold with no character, shunned[14] and ostracized[15] by
45 everyone. The longest we ever kept her in her room consecutively was eighty-eight hours, and that ended when my wife took the door off its hinges[16] with a crowbar[17] even though the baby still owed us twelve hours because she was working off twenty-five pages. I put the door back
50 on its hinges and added a big lock, one that opened only if you put a magnetic card in a slot[18], and I kept the card. But things didn't improve. The baby would come out of her room like a bat out of hell[19] and rush to the nearest book, *Goodnight Moon* or whatever, and begin tearing
55 pages out of it hand over fist[20]. I mean there'd be thirty-four pages of *Goodnight Moon* on the floor in ten seconds. Plus the covers. I began to get a little worried. When I added up her indebtedness[21], in terms of hours, I could see that she wasn't going to get out of her room
60 until 1992, if then. Also, she was looking pretty wan[22]. She hadn't been to the park in weeks. We had more or less of an ethical crisis on our hands.
I solved it by declaring that it was *all right* to tear pages out of books, and moreover, that it was all right to *have*
65 *torn* pages out of books in the past. That is one of the satisfying things about being a parent – you've got a lot of moves[23], each one good as gold. The baby and I sit happily on the floor, side by side, tearing pages out of books, and sometimes, just for fun, we go out on the street and
70 smash[24] a windshield[25] together.

from Donald Barthelme: Forty Stories. New York: Putnam's Sons, 1987, S. 244–246. Copyright © 1987 Donald Barthelme. Mit Genehmigung von International Creative Management, New York.

---

[1] **grip** ability to hold sth firmly in one's hand – [2] **annoyance** state of being very angry – [3] **to quit** to stop – [4] **at a stretch** at a continuous period of time – [5] **to interfere** to get into conflict – [6] **to stick to sth** to continue doing sth – [7] **to be consistent** always to behave in the same way – [8] **rocking horse** *Schaukelpferd* – [9] **wear-and-tear** *Abnutzung* – [10] **to swallow** to cause or allow esp food or drink to go down the throat – [11] **to go to any lengths** to do anything that is possible – [12] **to thwart sb** to prevent sb doing what they want to – [13] **rigid** strict – [14] **shunned** avoided deliberately – [15] **ostracized** ['ɒstrəˌsaɪzd] excluded from a group – [16] **hinge** *(Tür-)Angel, Scharnier* – [17] **crowbar** *Brechstange* – [18] **slot** narrow opening through which sth can be put – [19] **like a bat out of hell** *als ob der Teufel hinter ihm/ihr her wäre* – [20] **hand over fist** very fast and in large quantities – [21] **indebtedness** state of owing sth – [22] **wan** pale and looking ill – [23] **move** way of acting – [24] **to smash** to brake violently and noisily into pieces – [25] **windshield** (AE), windscreen (BE): the window across the front of a motor vehicle

Moderator card

What you have to tell the others:

a) Welcome the "fish" as participants of a discussion with your topic.

b) Give an explanation of the procedure and the rules:

1. the "fish" are not allowed to communicate with the "observers" and vice versa

2. the "fish" should first introduce themselves and their general attitude towards the problem in the first round

3. they are not to interrupt each other or to be rude

4. you will call to order

5. you will invite observers to join the controversy

6. you will exchange all the fish for new ones after ____ minutes

7. open the second round by calling one of the "fish" to start with the argumentation

What you are in charge of doing:

Opening the talk and moderating it:

a) make sure that each "fish" has a fair share in the discussion

b) the "fish" discuss in a decent, sensible way

c) try to calm them down if they get too worked up about their subject

d) try to motivate the conversation when it gets stuck or loses substance by
   - giving an impulse with a provocative question
   - calling someone from the observers into the middle on the free seat

e) if no observer voluntarily joins the bowl, call one after 3 minutes

f) takes notes in the meantime

Finishing the talk:

When time is up, finish the discussion by giving a final statement on, e.g. the vividness of the discussion and a rough summary of the results and thank the "fish" for the (lively) discussion.

© Schöningh Verlag, Best.-Nr. 041260-6

Observer card

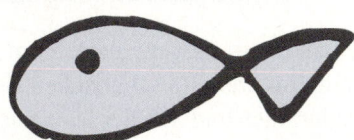

Fish No.

Language	++	+	0	–	– –
speed					
correctness (mistakes: pronunciation/grammar)					
fluency (many stops/many "ehm's"/mixing with German)					
clarity (loudness/mumbling/ etc.)					
Behaviour					
gesticulation with hands (supported flow of words ↔ wild agitation)					
facial expression (appropriate)					
posture relaxed ↔ stiff					
self-confidence ↔ nervousness					
Argumentation					
logical ↔ confused					
convincing					
supported by using examples/quotations					
concentration on important facts ↔ losing oneself in minor details					
Cooperation					
constructive (polite; considerate reaction towards the others, no interruption of others)					
Arguments brought forward:	1.				

Moderation technique

Die Moderationsmethode kommt aus der Wirtschaft und wird dort eingesetzt, um Ergebnisse von Besprechungen, Konferenzen und Projekten zu optimieren. Im schulischen Bereich können mit dieser Methode Interessensbereiche der Schülerinnen und Schüler festgestellt, ihr Vorwissen überprüft und die Kreativität der Lerngruppe praktisch ohne Einschränkungen ausgeschöpft werden. Zunächst wird über ein Flipchart die Einstellung der Schülerinnen und Schüler zu einem Thema ermittelt. Im Anschluss daran notieren die Schülerinnen und Schüler ihre Ideen zu einer bestimmten Fragestellung auf Moderationskarten, die in einem weiteren Arbeitsschritt gemeinsam in einem Themenspeicher geclustert, d.h. themenbezogen geordnet werden. Die so gewonnenen Cluster können beispielsweise als Grundlage einer anschließenden Gruppenarbeitsphase genutzt werden.

Der hohe Zeitaufwand ist mit Sicherheit ein entscheidender Nachteil dieser Methode, der sich jedoch durch die eindeutigen Vorteile im Sinne des eigenverantwortlichen Lernens relativiert.

Ausführung im Unterricht

Die Moderation als solche läuft in sechs Phasen ab, die bei der Skizzierung des Unterrichtsverlaufs näher erläutert werden. Da die Moderation eine Methode ist, mit der die wenigsten Schülerinnen und Schüler vertraut sind, sollten Sie ihnen zu Beginn der Unterrichtsstunde Vorgehensweise und Ziele in groben Zügen erläutern. Die Ergebnisse der Moderation können als Grundlage für eine anschließende Gruppenarbeitsphase genutzt werden. Während der Moderation beschränken Sie sich als Lehrer oder Lehrerin auf die Rolle des Moderators. Sie leiten die Moderation, beeinflussen jedoch nicht ihre inhaltliche Gestaltung.

Zeitbedarf ◼ Für die Moderation wird eine Doppelstunde veranschlagt.

Material ◼ Es sollte ein Flipchart und eine Moderations- bzw. Pinnwand zur Verfügung stehen. Ersatzweise kann statt des Flipcharts die Tafel und statt der Moderations- bzw. Pinnwand ein an der Wand angebrachter, entsprechend großer Bogen Packpapier verwendet werden.

Des Weiteren ist ein Moderationskoffer (Materialsammlung für die Moderation, z.B. Klebepunkte, Karten in verschiedenen Formen und Farben, Klebeband, Klebestifte, Filzstifte, Schere, Pinns) sinnvoll. Ist ein solcher Koffer nicht vorhanden, so müssen für die Moderation Klebepunkte, Karten, dicke Filzstifte und Stecknadeln bereitgestellt werden.

Ausführung am Beispiel von „Lord of the Flies" von William Golding

Inhalt und Interpretationsschwerpunkte Siehe dazu die Ausführungen auf S. 31. Für die Arbeit in der Schule eignet sich z.B. folgende Ausgabe:

William Golding: Lord of the Flies. Edited and annotated by Dieter Smolka. Frankfurt am Main: Diesterweg, 1994.

Unterrichtsverlauf ### 1. Einpunktabfrage (General attitudes towards the topic)

Hier können vor der eigentlichen Arbeit bereits Meinungen zum Thema eingeholt werden. Über ein Flipchart werden eine klar formulierte Frage zum Moderationsthema und eine Skala präsentiert, auf der die Schülerinnen und Schüler mittels eines Klebepunktes ihre Einstellung andeuten können. Wichtig ist es, dass die Frage so gestellt wird, dass skalierbare Antworten möglich sind, z.B.: „How did you like the novel?" oder „Did you find the novel interesting?". Die dazugehörige Skala würde hierbei von „very much" bis „not at all" bzw. von „very interesting" bis „not interesting at all" reichen.

Laden Sie nun die Schülerinnen und Schüler ein, die ausgeteilten Klebepunkte an dem Teil der Skala anzubringen, wo sie ihre Meinung wiederfinden.

L: Where would you locate your answer? Fix your dots at the appropriate point on the vertical line.

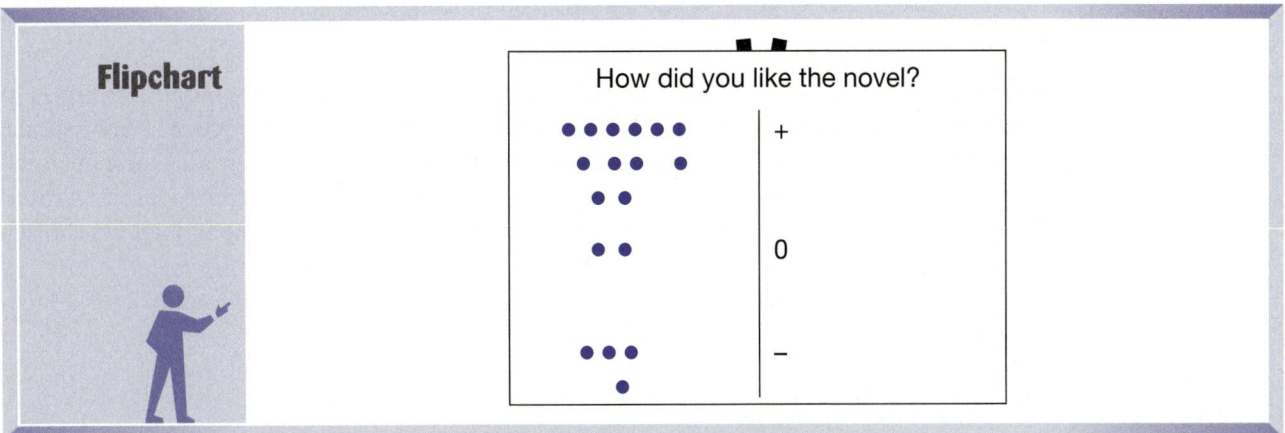

Der Moderator sollte im Anschluss an die Einpunktabfrage die Teilnehmer dazu auffordern, ihre Meinung zu begründen. Diese Begründungen werden stichwortartig an entsprechender Stelle auf der Skala notiert.

L: Who would like to explain his or her attitude towards the novel?/ Who would like to comment on his or her decision?

Im Anschluss an die gesamte Arbeitsphase kann dieselbe Einpunktabfrage noch einmal durchgeführt werden, um festzustellen, ob und wie sich bestimmte Standpunkte verändert haben.

2. Regeln (Rules)

Für den reibungslosen Ablauf und das Gelingen der folgenden Phasen der Moderation ist es unabdinglich, dass sich die Gruppe auf bestimmte Regeln einigt. Da der Moderator den Arbeitsprozess auch hier nicht beeinflussen darf, kann er Regeln zwar vorschlagen, nicht aber vorschreiben. Nur wenn jedes Gruppenmitglied sein Einverständnis mit den vorgeschlagenen Regeln erklärt hat, kann der Moderator in eventuell eintretenden Konfliktfällen deren Einhaltung einfordern. Folgende Regeln erscheinen in diesem Zusammenhang sinnvoll:

- auf jeder Karte darf nur ein Gedanke formuliert werden
- die Karten groß genug beschreiben, dass sie auch von allen gelesen werden können
- jeder fasst sich bei seinen Äußerungen kurz
- jede Meinung gilt gleich viel
- bei der Zuordnung der Karten im Themenspeicher entscheidet in Konfliktfällen der Verfasser der Karte

Diese Regeln und eventuelle Erweiterungen sollten in Stichpunkten formuliert für jeden Teilnehmer sichtbar im Raum angebracht werden.

Ein Plakat für die Regeln könnte folgendermaßen aussehen:

Rules
1. one topic per card
2. large letters
3. only short verbal comments
4. each opinion is equally important
5. the writer of the card decides

3. Verdeckte Stichwortabfrage (Specific ideas about the topic)

Die verdeckte Stichwortabfrage ist das zentrale Element der Moderation. Der Moderator präsentiert über die Pinnwand eine Leitfrage, die sowohl das Thema der Moderation als auch den Verlauf der sich daran anschließenden Arbeiten bestimmt. Hierfür eignen sich am besten offene Fragen, die mit den Fragewörtern „welcher, welche, welches" beginnen.

L: Which aspects of the novel did you find especially interesting? Write down your answers on the cards and remember: write down only one topic per card and write in large letters.

Jeder Teilnehmer erhält einen dicken Stift und so viele Karten, wie er benötigt. Um den Zeitrahmen nicht zu überschreiten und die Geduld der Teilnehmer nicht über Gebühr in Anspruch zu nehmen, sollte die Zahl der ausgefüllten Karten bei ca. 45 – 50 liegen. Aus diesem Grund ist es notwendig, die Anzahl der von jedem Schüler auszufüllenden Karten je nach Klassenstärke zu limitieren (z.B. jeder Schüler beschriftet zwei Karten, je zwei Schüler beschriften zusammen drei Karten etc.).
Ein Zeitlimit gibt es nicht. Bereits während des Beschriftens der Karten sammelt der Moderator fertige Karten verdeckt ein und mischt sie.

4. Clustern (Clustering)

Sind alle Karten beschriftet, erklärt der Moderator zunächst das Prinzip des Clusterns. Karten, die dem Sinn nach zusammengehören, also später unter einem Überbegriff zusammengefasst werden können, werden auf der Moderationswand untereinander aufgehängt.

L: Now we are going to form a cluster. This means we form groups of cards that belong together. I will hold up the cards and read them to you and you will decide where I should put them. If you think one card belongs to two different clusters, we can write it again. If you change your mind about a card, we can put it somewhere else.

Der Moderator liest nun jede Karte laut vor und zeigt sie den Teilnehmern, woraufhin diese entscheiden, in welche Spalte die entsprechende Karte gehängt wird. Es ist hierbei äußerst wichtig, dass nur Verständnisfragen zu den Karten, nicht etwa Wertungen oder Kommentare zugelassen werden. Der Moderator darf sich auf keinen Fall in den Einordnungsprozess einmischen, auch wenn ihn die Gruppe darum bittet. Besteht bei der Zuordnung einer Karte kein Konsens, so entscheidet der Schreiber; will er jedoch anonym bleiben, entscheidet die Mehrheit. Ist die Zuordnung einer Karte zu mehreren Spalten sinnvoll, so kann die Karte noch einmal geschrieben werden. Doppelte Karten werden aussortiert. Karten können während des Zuordnungsprozesses umgehängt werden.

5. Der Themenspeicher (Store)

Ist der Zuordungsprozess zur Zufriedenheit aller Teilnehmer abgeschlossen, werden die einzelnen Cluster mit Überschriften versehen. Auch diese werden von der Gruppe, nicht vom Moderator vorgeschlagen.

L: Find headings for each cluster.

6. Wertung (Rating)

Im Anschluss daran findet eine Wertung der Themen mittels Klebepunkten statt. Jeder Teilnehmer erhält eine bestimmte Anzahl von Klebepunkten (Anzahl der Klebepunkte pro Person: Themenzahl geteilt durch 2; bei ungerader Anzahl von Themen wird abgerundet), die er seiner persönlichen Wertung entsprechend auf dem Themenspeicher anbringt. Pro Thema können mehrere Punkte verwendet werden. Im Anschluss daran werden die einzelnen Themen mit der ihnen zustehenden Rangzahl versehen und die so ermittelten für die Teilnehmer wichtigsten Themen werden in Gruppenarbeit bearbeitet.

L: Indicate your personal rating of the topics by adding coloured dots to the clusters. You can use more than one dot per cluster.

Mögliche Kartenaufschriften

innocence	choir	games	social system	Jack
guilt	violence	friendship	assemblies	adventure
public schools	education	rivalry	beasts	Piggy
war	civilization	enemies	pig's head	chief
growing up	pigs	ghosts	sacrifice	Ralph
Simon	the cone	devil	fun	childhood
jungle	bullying	littluns	tribes	historical background
island	fire	bigguns	killing	author
hunting	war-paint	evil	dancing	human nature
God	drums	sin	savages	power

Themenspeicher

Morals	Life before the plane crash	Life on the island	Religion	Characters
innocence	public schools	jungle	God	Simon
guilt	growing up	island	ritual	Ralph
war	childhood	pigs	sacrifice	Piggy
violence	education	the cone	pig's head	Jack
bullying	civilization	hunting	beasts	littluns
killing	friendship	fire	sin	bigguns
	society	war-paint	evil	rivalry
	choir	drums	ghosts	tribes
		games		chief
		fun		savages
		dancing		assemblies

Verschiedene Ausdrücke hätten in diesem Themenspeicher auch gedoppelt werden können. So würde „growing up" auch zu „Life on the island" passen, oder „friendship" zu „Characters", die Einordnung des ganzen Bereichs „hunting" wäre auch unter „Religion" denkbar etc.

Der Themenspeicher sollte während der gesamten anschließenden Gruppenarbeitsphase im Klassenzimmer präsent sein, da er den Schülerinnen und Schülern hilft, die Inhalte ihres Teilbereichs zu bestimmen. Ist dies aus technischen Gründen (keine Moderationswand vorhanden, Moderationswand muss zurückgegeben werden, Wanderklasse) nicht möglich, so sollte vor dem Unterricht auf der Moderationswand ein die ganze Fläche bedeckender Papierbogen angebracht werden, auf dem die Karten zunächst ganz normal mit Stecknadeln angeheftet werden. Ist die Arbeit am Themenspeicher abgeschlossen, können die Karten mit Klebestreifen auf dem Papier befestigt werden, der Papierbogen kann dann von der Moderationswand abgenommen und leicht transportiert werden.

Eine Wertung der Themen ist in diesem Zusammenhang nur dann sinnvoll, wenn erheblich mehr Themen zur Verfügung stehen als in der anschließenden Gruppenarbeit bearbeitet werden können. Entspricht die Anzahl der Themen der Anzahl der Gruppen, so sollte auf eine

Wertung verzichtet werden, da manche Gruppen den Eindruck haben könnten, sie müssten weniger wichtige Themen bearbeiten als andere. Für den recht unwahrscheinlichen Fall, dass die Anzahl der Themen geringer ist als die der Gruppen, können umfangreiche Themen auch gesplittet werden.

An die Moderation und die Aufteilung der Themen an die einzelnen Arbeitsgruppen schließt sich eine Gruppenarbeitsphase mit Präsentation der Ergebnisse an (s. *rhetoric and presentation techniques*, S. 11).

Alternative Einsatz- möglichkeit

Eine weitere Möglichkeit des Einsatzes der Moderationsmethode im Unterricht ist das Eruieren von Schülervorwissen zu einem bestimmten Thema oder von Schülerinteressen bei der Planung von Unterrichtseinheiten.

Questioning the text

Questioning the text mittels Karten- oder Zettelabfrage ist die Umkehr des üblichen Unterrichtsgeschehens: Nicht der Lehrer oder die Lehrerin stellt Fragen zum Inhalt eines Textes, sondern die Schülerinnen und Schüler befragen sich gegenseitig. Es eignen sich alle Textsorten, je nach beabsichtigter Detailintensität und zur Verfügung stehender Zeit kann auch ein Roman passagenweise oder ganz erarbeitet werden. Ideal geeignet sind jedoch kürzere Texte mit satirischem oder sonst „unerhörtem Geschehen" vom Umfang einer short story.

Ausführung im Unterricht

Diese Methode hat ein hohes Kommunikationspotential, wobei sich die Schülerinnen und Schüler in der Formulierung von Fragen üben und den Inhalt einer Geschichte selbstständig erarbeiten, Sie assistieren lediglich. Das Anheften der Karten oder Zettel mit den Fragen der Schülerinnen und Schüler soll dabei „präsentationsgerecht" erfolgen, d.h. die Schüler müssen die Karten zur Klasse, dem Publikum, gewandt stehend vorlesen. Erst dann drehen sie sich still zur Tafel oder Wand und heften sie an.

Als post reading activity setzt die Kartenabfrage voraus, dass eine Geschichte, z.B. eine short (short) story zunächst gelesen wurde. Dabei wurde der für das inhaltliche Verständnis wichtige Wortschatz eingeführt, aber auf Verständnisfragen zum Inhalt verzichtet. Ideal wäre ein Vorlesen oder Vorspielen des Textes, während die Schülerinnen und Schüler die Geschichte still mitlesen. Den Inhalt und das Verständnis sollen sie sich selbst erarbeiten, indem sie als Hausarbeit Fragen einzeln auf Karten schreiben, die in der Folgestunde von den Mitschülerinnen und -schülern im Schüler-Schüler-Gespräch geklärt werden sollen. Die Aufgabenstellung muss dabei so formuliert sein, dass keine Ja/Nein- oder Einwortantworten möglich sind.

Je nach Klassengröße sollten Sie zwischen drei und fünf Fragen, die sich auf alle Teile des Textes erstrecken sollen, notieren lassen. Die Karten sind in der nächsten Stunde mitzubringen. In kleinen Klassen können die Karten dann von den Schülerinnen präsentiert, angeheftet, geclustert und anschließend im Gespräch abgearbeitet werden. In größeren Lerngruppen kann eine kurze Gruppensortierphase eingeschoben werden.

Zeitbedarf Beschäftigung mit dem Text und Kartenanfertigung ggf. als Hausarbeit; Ausführung in der Folgestunde (Minimum: 2 x 45 Min.)

Material
- eine große Fläche zum Anheften von Karten (Pinnwand, magnetische Tafel, o. Ä.)
- leere Zettel oder Karten und Befestigungsmaterial
- dicke Stifte

Mögliche Schwierigkeiten Erfahrungsgemäß machen Schülerinnen und Schüler bei der Fragestellung viele grammatische Fehler, sodass die Karten vom Lehrer oder der Lehrerin korrigiert werden müssen, bevor sie angeheftet werden oder wenn sie angeheftet sind. Dies kann u.U. sehr viel Zeit beanspruchen. Daher ist es ratsam, in der Gruppenphase, in der die Schülerinnen und Schüler ihre Karten vorsortieren, einen Blick auf die Karten und die Formulierungen zu richten. Präventiv kann bei der Aufgabenstellung ein kurzes Auffrischen der Grammatik erfolgen, indem Sie den Schülern modellhafte Fragestellungen an die Hand geben.

Dazu kann eine Folie vorbereitet werden, auf der die wichtigsten Fragestellungen kurz dargestellt sind, wobei zu entscheiden ist, ob die Schülerinnen und Schüler im present oder im past über den Inhalt der Geschichte reden sollen.

Ask questions:

1. Note down one reasonable question on each card.
   The questions mustn't be too easy, so that they cannot simply be answered with "yes" or "no" or one word or name only.

2. Use the following structures:
   - Why does x do/go/sit/drink …?
   - Who is the … /Who goes/sits/talks …?
   - When does x do/does x go/does x leave?
   - Where does x live/does x stay/does x sleep?
   - What does x do/does x say/does x mean?
   - How does x work/does x speak?

Ausführung am Beispiel von „The Baby" von Donald Barthelme

Inhalt und Interpretations- schwerpunkte

Siehe dazu die Ausführungen auf S. 71 und den Text auf KV 18, S. 73.

Unterrichts- verlauf

Die *short short story* „The Baby" wird zunächst „klassisch" eingebunden. Ein möglicher didaktischer Ort wäre eine Einheit über Schule, Erziehung oder Eltern-Kind-Verhältnis. Entweder kann an Vorangegangenes angeknüpft werden, oder mittels eines Bildes auf die Thematik „Erziehung" vorbereitet werden.

Nach der Einführung des ggf. neuen Wortschatzes erhalten die Schüler und Schülerinnen kurz Zeit, um den Text zu überfliegen *(skimming)* und sich auf das Lesen vorzubereiten. Der Text kann entweder ganz von Ihnen vorgelesen werden oder nur anfangs, wobei dann im Lesen versierte Schüler fortfahren können. In jedem Fall lesen alle Schülerinnen und Schüler still mit. Auf inhaltliche Fragen wird bewusst verzichtet, lediglich erste emotionale Reaktionen werden erfragt:

L: How do you like the story?

S: It is horrible! That is exaggerated/not true/nonsense/ … the parents are crazy …

Nach dem Lesen erfolgt die Instruktion zur Kartenbeschriftung, die als Hausarbeit zu erledigen ist:

L: It really is a strange story and I guess you have a lot of questions. Here are cards for you to write your questions on.
Use one card for one good and meaningful question. Make sure the question cannot only be answered with yes or no or one word.
Your questions should cover the whole text. So re-read the text, write the cards and bring them tomorrow.

Folgestunde:

Zu Beginn der Stunde werden in Klassen mit mehr als 20 Schülerinnen und Schülern Gruppen von 4–5 Schülern gebildet. Sie erhalten den Auftrag, sich in der Gruppe reihum die Karten vorzulesen, ohne sie zu beantworten, doppelte auszusortieren und sich auf eine Karte pro Schüler zu einigen. Brechen Sie nach ca. 7 Minuten die Gruppenarbeitsphase ab.

Fordern Sie die Schülerinnen und Schüler auf, einzeln ihre Karten vorzulesen. Dazu sollen sie aufstehen, zur Pinnwand gehen, die Karte zur Klasse gewandt vorlesen und sie dann anheften. Da bereits eine Vorsondierung stattgefunden hat, können die Schülerinnen und Schüler ihre Karten bereits so anheften, dass inhaltlich Ähnliches beieinander hängt.

Um die Themenbereiche zu klären, wird, nachdem alle Karten hängen, von einer Schülerin oder einem Schüler geclustert, d.h. sie oder er ordnet die Karten nach Oberbegriffen wie „father" „mother" „baby" „punishment". Während des Ordnens erklärt die oder der Ausführende laut, was sie oder er gerade tut, bzw. was die Ordnungskriterien sind. Ein zweiter Schüler schreibt diese auf Extrakarten und heftet sie über die Gruppen oder zieht einen Kreis um die zusammengehörigen Nester und schreibt den Oberbegriff an.

Nun kann mit der Befragung begonnen werden. Die größte Begriffsgruppe wird zuerst abgearbeitet. Die Kartenschreiber lesen ihre Frage vor und rufen entweder sich meldende oder von ihnen bestimmte Schülerinnen oder Schüler zur Beantwortung auf.
Als Ergebnissicherung der Stunde bietet sich die schriftliche Ausführung einer Frage nach Wahl oder Ihre Vorgabe als Hausarbeit an.

Mögliche Schülerfragen bereits geclustert:

The Baby

The baby

Why did the baby have to stay alone in the room and how long?

What is the baby's room like?

How did the baby react to the punishment?

Why didn't the baby get the point and stop tearing out the pages?

How could the child survive?

What do you think the baby will be like when it has grown up?

The punishment

Why do the parents punish the baby?

Is it right to treat a fourteen month old child in such a strict way? Why?

What is the education of Born Dancin' like?

Why are the parents so strict with their baby?

Do you think the way the child is brought up is right?

When did the parents recognize that their punishment was useless?

Are the parents, especially the father, mentally disabled?

The father

What is the father's attitude towards rules?

Why did her father want Born Dancin' to play by the rules?

Why does the father change his method at the end of the story?

Why does the father behave so very differently at the end of the story?

The mother

Does the mother always agree with the father's punishment?

Milling around

Das *milling around* ist eine kommunikative Bewegungsübung. Die Schülerinnen und Schüler laufen nach vorab vereinbarten Regeln im Zimmer umher und erzählen sich gegenseitig eine Geschichte. Die Schüler-Schüler-Aktivität bietet sich an, um eine Geschichte kreativ zu entwickeln, z.B. einen Mittelteil nach Vorgabe eines Einstieges und eines Endes auszugestalten.

Ausführung im Unterricht

Alle Schülerinnen und Schüler sprechen in dieser Stunde eine längere zusammenhängende Passage in der Fremdsprache. Sie korrigieren und ergänzen sich gegenseitig. Die Lehrkraft hat moderierende und helfende Funktion.

Voraussetzung ist, dass ein Raum zur Verfügung steht, in dem die Schülerinnen und Schüler herumgehen können. Vor dem *communicative walk-about* müssen die Regeln besprochen worden sein.

Zeitbedarf ■
- eine Unterrichtsstunde (45 Min.)

Material ■
- Musik, Glocke oder ein anderes akustisches Signalinstrument
- Vorbereitung: Möbel an die Seiten rücken und Lauffläche schaffen

Ausführung am Beispiel von „The Old Bus" von Richard Brautigan

Inhalt und Interpretationsschwerpunkte

Ein junger Mann steigt in einen Bus mit ausschließlich sehr alten Passagieren. Er ist erleichtert, als er wieder aussteigt. Die alten Leute sind es auch.

Die Detailwahrnehmungen zu Beginn der Geschichte sowie die Begebenheit an sich verleihen den Charakter einer *story of initiation*, hier das Erwachen des Bewusstseins für das Älterwerden, die Vergänglichkeit, den eigenen Lebensabschnitt zwischen noch agilem, unstetem Jungsein und allmählichem Altern und Sesshaftwerden.

Unterrichtsverlauf

Idealerweise beginnt die Textarbeit gegen Ende einer Stunde, um das Schreiben der fehlenden Textmitte als Hausarbeit aufgeben zu können. Die Schülerinnen und Schüler erhalten das Arbeitsblatt „The Old Bus – a story without a middle" (KV 21, S. 86) mit der Erklärung, dass sie diese fehlende Mitte erfinden sollen. Der Anfang und das Ende sollten gemeinsam laut gelesen werden, ohne über die Mitte zu spekulieren. Diese soll im Anschluss an das Lesen als Hausarbeit ausformuliert oder in Stillarbeit (einzeln ohne mit dem Partner zu reden; stichwortartig falls nicht Hausarbeit) geschrieben werden.

Danach wird das Schriftstück weggelegt für das *milling around*. Geben Sie Anweisung, Tische und Stühle an die Wände zu rücken und sich dann im Kreis aufzustellen. Wenn der Kreis gebildet ist, erklären Sie das Procedere:

L:
1. Now you are going to tell the middle of the story to each other while walking around.

2. You start walking with the music that I will play.

3. When the music stops, you stop as well and turn immediately to the person next to you.

4. Then compare the size of your shoes: the one with the smaller ones tells his or her story to the one with the bigger shoes. That way you do not have to argue about who will start.

5. Tell your story for as long as the music plays. When the music stops, start walking again.

6. When the music stops again repeat the telling of the story as you did before. So we will have several turns of walking and telling the story to each other.

7. Only speak in English and when you hear a mistake, correct your partner immediately.

Der Schuhgrößenvergleich ist nicht nur ein Lacheffekt, sondern hilfreich, um Zeit zu sparen, die erfahrungsgemäß von Schülern vergeudet wird, indem sie darum streiten, wer zuerst mit dem Reden beginnen soll. Natürlich können vorher auch Kärtchen mit A – B Beschriftung gezogen werden und entsprechende Anweisung zur Abfolge getroffen werden.

Gehen Sie durch die sprechenden Paare, um zu hören, wann die ersten fertig sind und um ggf. leicht zu korrigieren. Bleiben Sie jedoch nicht zu lange bei einem Paar stehen. Achten Sie auf Schülerinnen oder Schüler, die u.U. nicht richtig zum Zug gekommen sind. Diese merken Sie sich für das abschließende Kreisgespräch. Unterbrechen Sie ca. dreimal. Die Aktion sollte nicht mehr als 15–20 Minuten dauern.
Danach rufen Sie die Schülerinnen und Schüler in den Kreis zurück. Im Kreis fragen Sie zunächst allgemein nach dem Erleben der Methode:

L: How did you like milling around?

Anschließend sollen die Schülerinnen und Schüler die interessantesten, verrücktesten Ideen nennen. Hier können ggf. weniger zum Zug Gekommene zu Wort kommen. Es sollten drei Versionen wiedergegeben werden. Dabei ist auf die Regeln der indirekten Rede zu achten.

Nach dem Kreisgespräch wird die Sitzordnung wieder hergestellt. Die Schülerinnen und Schüler erhalten nun die „richtige Mitte", entweder indem Sie die Mitte nur vorlesen und/oder den Text auf den Overheadprojektor auflegen und laut lesen oder lesen lassen.
Alternativ teilen Sie den gesamten Text aus (KV 22, S. 87). In diesem Fall kann der Text von den Schülerinnen und Schülern still gelesen werden. Sie werden anschließend gefragt, wie ihnen das Original gefällt. Es kann dann laut gelesen werden und eine interpretatorische Analyse des Textes mit *post reading activities* oder schriftlicher Hausarbeit erfolgen.

For post-reading or homework

Aufgaben

A. Write an interpretation OR

B. Imagine you got on such a bus. How would you have felt and reacted? Write down the story. OR

C. Turn the story around. What if an old gentleman got on a bus with young kids only? Write a short story. OR

D. The narrator was happy after leaving the bus. He tells the strange event to a friend on the phone. Invent the dialogue between the two. OR

E. What will the narrator jot down into his diary after his strange encounter? Make an entry. OR

F. The narrator writes home to his mother. What will he tell her about this bus-trip? Write the letter.

Richard Brautigan:
The Old Bus – a story without a middle

I do what everybody else does: I live in San Francisco. Sometimes I am forced by Mother Nature to take the bus. Yesterday was an example. I wanted to get some place beyond the duty of my legs[1], far out on Clay Street, so I waited for a bus.

It was not a hardship[2] but a nice warm autumn day and fierce-
5 ly[3] clear. An old woman waited, too. Nothing unusual about that, as they say. She had a large purse and white gloves that fit her hands like the skins of vegetables.

A Chinese fellow came by on the back of a motorcycle. It startled me. I had just never thought about the Chinese riding
10 motorcycles before. Sometimes reality is an awfully close fit[4] like the vegetable skins on that old woman's hands. […]

> What happened on the bus?
> Write the middle of the story in about 20 lines.

I got off the bus at the next possibility. Everybody was glad to see me go and none of them were more glad than I.

I stood there and watched after the bus, its strange cargo now secure, growing distant in the
15 journey of time until the bus was gone from sight.

from Richard Brautigan: Revenge of the Lawn.
Stories 1962–1970. New York: Simon and Schuster, 1971

---

[1] **beyond the duty of my legs** too far to walk – [2] **hardship** here: difficult or unpleasant situation –
[3] **fiercely** awfully, terribly – [4] **close fit** *eine gute Passform,* here: *wie die Faust aufs Auge passen*

I do what everybody else does: I live in San Francisco. Sometimes I am forced by Mother Nature to take the bus. Yesterday was an example. I wanted to get some place beyond the duty of my legs[1], far out on Clay Street, so I waited for a bus.

It was not a hardship[2] but a nice warm autumn day and fiercely[3] clear. An old woman waited,
5 too. Nothing unusual about that, as they say. She had a large purse and white gloves that fit her hands like the skins of vegetables.

A Chinese fellow came by on the back of a motorcycle. It startled me. I had just never thought about the Chinese riding motorcycles before. Sometimes reality is an awfully close fit[4] like the vegetables skins on that old woman's hands.

10 I was glad when the bus came. There is a certain happiness sighted when your bus comes along. It is of course a small specialized form of happiness and will never be a great thing.

I let the old woman get on first and trailed[5] behind in classic medieval[6] tradition with castle floors following me onto the bus[7].

I dropped in my fifteen cents, got my usual transfer[8], even though I did not need one. I always
15 get a transfer. It gives me something to do with my hands while I am riding the bus.

I *need* activity.

I sat down and looked the bus over to see who was there, and it took me about a minute to realize that there was something very wrong with that bus, and it took the other people about the same period to realize that there was something very wrong with the bus, and the thing
20 that was wrong was me.

I was young. Everybody else on the bus, about nineteen of them, were men and women in their sixties, seventies and eighties, and I only in my twenties. They stared at me and I stared at them. We were all embarrassed[9] and uncomfortable.

How had this happened? Why were we suddenly the players in this cruel fate[10] and could not
25 take our eyes off one another?

A man about seventy-eight began to clutch[11] desperately at the lapel[12] of his coat. A woman maybe sixty-three began to filter her hands, finger by finger, through a white handkerchief.

I felt terrible to remind them of their lost youth, their passage through slender[13] years in such a cruel and unusual manner.

30 Why were we tossed[14] this way together as if we were nothing but a weird[15] salad served on the seats of a God-damn bus?

I got off the bus at the next possibility. Everybody was glad to see me go and none of them were more glad than I.

I stood there and watched after the bus, its strange cargo[16] now secure, growing distant in the
35 journey of time until the bus was gone from sight.

from Richard Brautigan: Revenge of the Lawn.
Stories 1962–1970. New York: Simon and Schuster, 1971

---

[1] **beyond the duty of my legs** too far to walk – [2] **hardship** here: difficult or unpleasant situation – [3] **fiercely** awfully, terribly – [4] **close fit** *eine gute Passform,* here: *wie die Faust aufs Auge passen* – [5] **to trail** to follow – [6] **medieval** [ˌmɛdɪˈiːvəl] of or related to the Middle Ages – [7] **with castle floors following me onto the bus** metaphorical expression to underline the medieval context – [8] **transfer** [trænsˈfɜː] ticket allowing a passenger to change from one bus, train etc to another without paying more money – [9] **embarrassed** [ɪmˈbærəs] ashamed or awkward – [10] **fate** destiny – [11] **to clutch** to hold tightly – [12] **lapel** *Revers* – [13] **slender** small in number and size – [14] **to toss** to throw lightly or carelessly – [15] **weird** [wɪəd] strange, frightening – [16] **cargo** goods carried in a ship, plane, or vehicle

Freeze frame

Eine besondere Möglichkeit des Zugangs zur Literatur bildet der *freeze frame*. Der Grundgedanke dabei ist, dass eine Gruppe von Schülerinnen und Schülern eine bestimmte Szene oder Passage nachstellt und auf Kommando „einfriert", d.h. regungslos an genau dem Ort und in der Position verharrt, an dem und in der sie sich befunden hat. Die anderen können in das so geschaffene „Standbild" verändernd eingreifen. Dies führt zu einer neuen Sicht der Situation, wodurch wertvolle Erkenntnisse für die Interpretation gewonnen werden.
Der *freeze frame* wird als *while reading activity* eingesetzt.

Ausführung im Unterricht

Das Gelingen dieser Art der „erlebten Interpretation" hängt von der Bereitschaft ab, sich auf ungewohnte Situationen einzulassen und sich mehr als im normalen Unterricht zu exponieren. Auf persönliche Befindlichkeiten der Schülerinnen und Schüler sollten Sie daher unbedingt Rücksicht nehmen.
Da der *freeze frame* die darstellenden Schülerinnen und Schüler eine bestimmte Situation nachempfinden lässt und sie für die Zuschauer visualisiert, sollte er dann eingesetzt werden, wenn klassische Mittel der Interpretation Fragen offen lassen.

Zeitbedarf | Der *freeze frame* mit anschließender Diskussion nimmt ca. 15 Min. in Anspruch.

Vorbereitung | Tische und Stühle müssen zur Seite gerückt werden.

Ausführung am Beispiel von „Lord of the Flies" von William Golding

Inhalt und Interpretationsschwerpunkte | Siehe dazu die Ausführungen auf S. 31.
Der Arbeit an Goldings Roman wurde folgende Ausgabe zu Grunde gelegt:
William Golding: Lord of the Flies. Edited and annotated by Dieter Smolka. Frankfurt am Main: Diesterweg, 1994.

Unterrichtsverlauf | Thema der Stunde ist der Mord an Simon (Kap. 9, S. 140–148). Den Schülerinnen und Schülern sollen die Mechanismen, die zu dieser Tat führen, deutlich werden.

Erteilen Sie zunächst den Arbeitsauftrag, die Stellen im Roman zu suchen, die sich mit der Jagd von Schweinen beschäftigen. Aus diesen Textstellen wird im Plenum das Ritual abstrahiert, das sich aus der Schweinejagd, also dem zunächst harmlosen Beschaffen von Nahrungsmitteln, entwickelt.

L: | Have a look at all the passages that tell us about pig hunting. What do they have in common?

Die Ergebnisse werden als Tafelanschrieb festgehalten:

Tafel **The hunting ritual**

- the hunters paint their faces
- there is a hunting chant
- there is a hunting dance
- there is a sacrifice
- there is a god

Ausgehend von diesen Ergebnissen wird die Frage thematisiert, was die Jungen dazu bringt, in einem ekstatischen Tanz einen Mord zu begehen. Diese Frage soll mit Hilfe des *freeze frame* beantwortet werden.

Aufgabe Simon's murder – make a freeze frame.

Zunächst werden ungefähr zehn Schülerinnen und Schüler ausgewählt, die die Jäger, darunter Jack, aber auch Ralph und Piggy, sowie das Opfer Simon darstellen. Die übrigen Schülerinnen und Schüler postieren sich als Beobachter um die Darsteller des *freeze frame*.

Die Schülerinnen und Schüler im Kreis stellen die tanzenden Jungen mit Simon in ihrer Mitte dar. Auf das Lehrerkommando „freeze" verharren sie in ihrer Position.

Die Beobachter haben nun Gelegenheit, die Details des Standbildes genau zu registrieren und so Erkenntnisse über die Vorgänge zu gewinnen, die ihnen eventuell bei der Lektüre entgangen sind. Sie können aber auch das Standbild gemäß ihrer eigenen Vorstellungen der Situation bzw. gemäß ihrer Beurteilung der Charaktere verändern. Alternative Handlungsverläufe können so deutlich gemacht werden.

Der Auflösung des „Freeze Frame" schließt sich eine Diskussionsrunde an, in der sowohl Beobachter als auch Akteure ihre neu gewonnenen Einschätzungen der Situation schildern.

L: What did you find out when you performed or watched the freeze frame?

Mögliche Ergebnisse
- you do what everybody else does
- in certain situations you stop thinking and let yourself be carried away
- it can be so important to be in a group that you accept its rules even if you know that they are wrong
- one single person is powerless
- the group is more important than the individual
- everybody can potentially commit a crime, it all depends on the circumstances
- education and civilization only mask atavistic instincts

Brain28

Die Übung Brain28 verbindet intensive Wortschatzarbeit mit Präsentationstechnik. 28 Begriffe aus einem Sachgebiet werden den Schülerinnen und Schülern präsentiert. Sie sollen diese zunächst memorieren und dann mithilfe der Mitschülerinnen und Mitschüler vervollständigen. Die Wortschatzarbeit eignet sich zur Einführung in ein Thema oder zur abschließenden Wortschatzwiederholung. Bei landeskundlichen oder anderen Sachthemen fördert die Methode die aktive Auseinandersetzung mit Schlüsselbegriffen. Sie verlangt eine individuelle Gedächtnisleistung und kollektive Ergebniserarbeitung.

Ausführung im Unterricht

Die Schülerinnen und Schüler müssen sich bei dieser Memory-Technik gut konzentrieren und zunächst völlig still sein. Flüstern darf nicht zugelassen werden. Machen Sie der Klasse klar, dass die Selbsterfahrung mit der eigenen Gedächtnisleistung nur so erfolgen kann. Versuchen Sie den Wettbewerbscharakter zu nutzen. Es kann auch suggestopädagogisch gearbeitet werden, d.h. im Hintergrund läuft eine ruhige, instrumentale Musik.

Zeitbedarf

Brain28 kann zügig als Wortschatzübung abgehandelt werden. Wenn es zur Einführung eines Themas dient, oder zur Vertiefung bestimmter Begriffe, dann sollte mehr Zeit eingeplant werden.
Als Wortschatzübung mit Wettbewerbscharakter: ca. 30 Min.

Material

- sehr groß beschriftete Karten zum Hochhalten (78 Pkt. und anschließend hochkopieren oder per Hand schreiben; zur Wiederverwendung laminieren)
- ggf. Musik
- das Vokabular einer Einheit oder aus einer Sammlung mit thematischem Wortschatz

Ausführung am Beispiel des thematischen Wortschatzes der Einheit „Living in a changing world"

Zeigen Sie der Klasse eine Karte und erklären Sie, dass Sie nun immer 7 Karten auf verschiedene Art und Weise präsentieren und sich die Klasse individuell jeden Begriff einprägen soll. Dies soll jede und jeder individuell tun und nicht mit dem Nachbarn reden, um sich selbst zu testen: Wie viele Wörter kann ich behalten? Die Anzahl 7 geht auf lernpsychologische Untersuchungen zurück, in denen erwiesen wurde, dass sich z.B. Vokabeln besonders gut in 7er-Blöcken einprägen.

Die Wörter sollen dann auf ein Zeichen der Lehrkraft hin aufgeschrieben und gezählt werden. Nach der Schreibphase wird wieder ein Zeichen gegeben, auf das hin die Schülerinnen und Schüler herumlaufen und mithilfe der anderen ihre Listen ergänzen sollen. Dabei sollen sie nur Englisch sprechen.

Verlauf

L: Now I am going to start, listen and do not talk to your neighbour.

1. Lesen Sie nun nacheinander die ersten sieben Wörter und zeigen Sie die jeweilige Karte.

2. Ohne Kommentar werden die nächsten sieben Begriffe nur gezeigt. Schweigen Sie dabei.

3. Die nächsten sieben Begriffe zeigen Sie nicht, sondern lesen Sie nur vor.

4. Die letzten sieben Begriffe werden wieder gezeigt und gelesen.

Nach dem letzten Begriff erfolgt das Kommando:

L: Now write down what you remember. Don't speak, do it alone, you have five minutes!

Die zeitliche Begrenzung ist wichtig, nach fünf Minuten wird abgebrochen:

L: Now stop and count your words!
Now move around and collect the words that are missing to make a total of 28. Also check, if you have memorized the right words. Cross out any wrong ones.

Die Schülerinnen und Schüler ergänzen und korrigieren ggf. ihre Listen. Dies dürfte nicht länger als 10 Minuten dauern. Danach kann ein Abgleich der Liste über den Overheadprojektor erfolgen. Die Schülerinnen und Schüler überprüfen die Vollständigkeit und Orthographie ihrer Begriffe. Anschließend können einzelne Begriffe herausgegriffen werden und entweder zu weiterer Wortschatzarbeit (Erstellung eines *semantic field, mind map* etc.) oder zur thematischen Ausweitung dienen.

transport	mobility	technology
economy	dot-com job	currency
internet	unemployment	boom
unification	mobile phone	merger
xenophobia	satellite TV	tribe
ecology	lifestyle	globalisation
communication	housing benefit	environment
sustainability	yuppie	habitat
depriviation	prosperity	racism
deterioration		

Touch – turn – talk

Das *touch-turn-talk*-Verfahren zum Vertiefen von Wortschatz und Wiedergeben von Lerninhalten eines Unterrichtsabschnittes spricht gleich mehrere Lernkanäle der Schüler an. *Touch* ist dabei das haptische Element. Es bedeutet, dass eine Schülerin oder ein Schüler eine Karte mit einem Begriff an die Tafel anheftet und somit den Begriff „begreift“, nämlich als Wort auf der Karte und die Tafel berührt. *Turn* – die Schülerin oder der Schüler dreht sich nach Anheften der Karte um und spricht über den Begriff zur Klasse (= *talk*). Mit der Übung können Schülerinnen und Schüler zum freien Sprechen und Stehen vor der Klasse aktiviert werden, die sonst die exponierte Situation lieber vermeiden oder langsam an die Rednerrolle herangeführt werden sollen. Sie kann als Vorübung für wesentliche Bestandteile einer Präsentation dienen, da es hier besonders um die Fähigkeit geht, dem Publikum zugewandt frei zu sprechen und auf keinen Fall diesem den Rücken zuzukehren und zur Tafel zu sprechen.

Ausführung im Unterricht

Die Methode ermöglicht es vielen – oder in kleineren Klassen allen – Schülerinnen und Schülern in der Stunde zu Wort zu kommen. Das Schüler-Schüler-Gespräch überwiegt in der Besprechungs- bzw. Korrigierphase. Die Lehrerin oder der Lehrer hat moderierend-assistierende Funktion. Als Alternative zum *brainstorming* oder der *mind map* zum Einholen von Vorwissen zu Beginn einer Einheit kann *touch-turn-talk* ausgeführt werden (*introductory function*). Effektiv ist der Einsatz aber besonders zur Überprüfung von gerade behandeltem Lehrstoff, die auf diese Weise spielerisch erfolgt (*revisionary function*).

Wichtig ist, dass streng auf die Abfolge der drei Phasen geachtet wird und die Schülerinnen und Schüler nicht sprechen, bevor sie das „Ritual“ des Anheftens und Umdrehens vollzogen haben!

Zeitbedarf je nach Klassengröße und Lernziel 20 Min.

Material
- Begriffe vorgefertigt auf Karten (ggf. laminiert)
- Fläche zum Anheften der Karten
- Befestigungsmaterial

Ausführung am Beispiel des Themas „Living in a changing world"

Unterrichtsverlauf

1. Zeigen Sie der Klasse eine Karte (KV 23, S. 92) und erklären Sie, dass einige/alle eine solche Karte erhalten werden und geben Sie folgende Anweisungen:

L:
- When you have a card, think about the word on it.
- [Introductory function:] You should be able to tell us your ideas about it.
- [Revisionary function:] You should be able to tell us some facts you have learnt about it.
- Make up three sentences. When I call you, walk to the board, attach the card to the board – turn around to us and talk about your word.

2. Um sicher zu gehen, dass das Verfahren verstanden wird, können Sie selbst mit einer Karte die Bewegung ausführen, besser ist es jedoch, einer Schülerin oder einem Schüler eine Karte mit einem sehr einfachen Begriff zu geben und sie oder ihn ad hoc agieren zu lassen, um das Prinzip vorzuspielen.

3. Teilen Sie nun die Karten mit dem Hinweis aus, alleine still zu arbeiten oder, falls nicht alle Karten bekommen, leise zusammenzuarbeiten.

4. Nach drei Minuten können Sie beginnen, Schülerinnen und Schüler aufzurufen und sprechen zu lassen.

Die Effektivität der Methode wird gesteigert, wenn die Äußerungen der Sprechenden von der Klasse in Hinblick auf inhaltlichen Aussagewert, Richtigkeit etc. beurteilt werden. Lassen Sie nach jedem Vortrag zunächst die Klasse korrigieren und ggf. Ergänzungen machen.

Unterrichtsmodelle und Textausgaben

NEU

Edited by Hans Kröger

J. B. Priestley **An Inspector Calls**	by Hans Kröger Textausgabe. 80 S. kart., Best.-Nr. 041200 0 Unterrichtsmodell. 64 S. DIN A4, kart., Best.-Nr. 041201 0
T. C. Boyle **The Tortilla Curtain**	by Wiltrud Frenken, Angela Luz and Brigitte Prischtt Unterrichtsmodell. 75 S. DIN A4, kart., Best.-Nr. 041203 7
Charles Webb **The Graduate**	by Louise Nübold Unterrichtsmodell. 60 S. DIN A4, kart., Best.-Nr. 041205 3
Arthur Miller **The Crucible**	by Hans-Christoph Ramm Unterrichtsmodell. 84 S. DIN A4, kart., Best.-Nr. 041209 6
Monty Python	by Engelbert Thaler Unterrichtsmodell. 71 S. DIN A4, kart., Best.-Nr. 041221 5
William Golding **Lord of the Flies**	by Angela Luz, Brigitte Prischtt and Wiltrud Frenken Unterrichtsmodell. 98 S. DIN A4, kart., Best.-Nr. 041217 7
Mark Behr **The Smell of Apples**	by Anno Ortmeier Unterrichtsmodell. 77 S. DIN A4, kart., Best.-Nr. 041215 0
American Beauty	by Wiltrud Frenken, Brigitte Prischtt and Angela Luz Unterrichtsmodell. 87 S. DIN A4, kart., Best.-Nr. 041225 8
Criminals & Detectives	by Christine Hoidis-Fehler Textausgabe. 98 S., kart., Best.-Nr. 041206 1 Unterrichtsmodell. 96 S. DIN A4, kart., Best.-Nr. 041207 X
Forrest Gump	by Kornelius Nelles and Karsten Witsch Unterrichtsmodell. 65 S. DIN A4, kart., Best.-Nr. 041231 2
Dead Poets Society	by Engelbert Thaler Unterrichtsmodell. 67 S. DIN A4, kart., Best.-Nr. 041255 x
Poetry	by Angela Luz Unterrichtsmodell. 103 S. DIN A4, kart., Best.-Nr. 041227 4
Roman Polanski **Macbeth**	by Antje Blume Unterrichtsmodell. 103 S. DIN A4, kart., Best.-Nr. 041235 5
Bernard MacLaverty **Cal**	by Jürgen Velsinger Unterrichtsmodell. 71 S. DIN A4, kart., Best.-Nr. 041239 8
Thunderheart – **Exploring Native America**	by Wiltrud Frenken, Angela Luz and Brigitte Prischtt Unterrichtsmodell. 112 S. DIN A4, kart., Best.-Nr. 041211 8

In Vorbereitung:

Aldous Huxley **Brave New World**	by Wiltrud Frenken, Angela Luz and Brigitte Prischtt Unterrichtsmodell. ca. 80 S. DIN A4, kart., Best.-Nr. 041249 5

Fordern Sie unseren Prospekt zur Reihe an:
Informationen zum Nulltarif ✆ 08 00 / 1 81 87 87

SCHÖNINGH VERLAG
im Westermann Schulbuchverlag GmbH
Postfach 2540 · 33055 Paderborn

Schöningh

E-Mail: info@schoeningh.de
Internet: http://www.schoeningh.de